成果受到南京大学应用经济学博士后流动站资助

U0587922

城郊休闲农业 消费研究

姜友雪◎著

STUDY ON CONSUMPTION OF
AGRITOURISM IN
URBAN SUBURBS

经济管理出版社
ECONOMY & MANAGEMENT PUBLISHING HOUSE

图书在版编目（CIP）数据

城郊休闲农业消费研究/姜友雪著.—北京：经济管理出版社，2022.12
ISBN 978-7-5096-8852-6

Ⅰ.①城…　Ⅱ.①姜…　Ⅲ.①观光农业—旅游消费—研究　Ⅳ.①F590.75

中国版本图书馆 CIP 数据核字（2022）第 244837 号

组稿编辑：赵亚荣
责任编辑：赵亚荣
一审编辑：杜奕彤
责任印制：黄章平
责任校对：王淑卿

出版发行：经济管理出版社
　　　　　（北京市海淀区北蜂窝 8 号中雅大厦 A 座 11 层　100038）
网　　址：www.E-mp.com.cn
电　　话：（010）51915602
印　　刷：北京晨旭印刷厂
经　　销：新华书店
开　　本：720mm×1000mm/16
印　　张：12.5
字　　数：159 千字
版　　次：2023 年 1 月第 1 版　　2023 年 1 月第 1 次印刷
书　　号：ISBN 978-7-5096-8852-6
定　　价：78.00 元

前　言

在城镇化背景下，我国乡村休闲旅游业（也称休闲农业和乡村旅游，本书将其作为研究对象统称为休闲农业）快速发展，推出了大批乡村休闲旅游精品景点和线路，休闲农业主体数量稳步增加、接待规模持续扩大、服务机构加速成长，成为农业供给侧结构性改革的新动力、农村经济社会发展的新亮点、工商资本下乡兴业的新热点、农民致富增收同步创业的新渠道。农业农村部的数据显示，2019年我国乡村休闲旅游营业收入超过8500亿元，直接带动吸纳就业人数1200万，带动受益农户800多万户。然而，受新冠肺炎疫情等影响，乡村休闲旅游仍然面临着诸多问题。虽然各级部门尽力统筹疫情防控和产业发展，最大限度地降低疫情影响，继续有序推进乡村旅游恢复发展，但是客源不足仍是休闲农业普遍面临的一个重要问题。在休闲农业投资热的背后，隐藏着消费容量、消费强度的问题。

城市居民人口数量逐年增长，城市生活空间日益拥挤，交通拥堵、生活压力增大等问题的产生，逐渐使休闲农业成为城市居民体验"慢生活"的良好选择。城市为休闲农业的发展积蓄了强大的消费市场，这种消费力量的强度，正如物理学中两电荷之间的引力场。只要有城市的存在，就不可避免地存在着休闲农业的消费场，该消费场一旦得到刺激，就会产生休闲农业消费。由此，城市居民休闲农业消费强度的大小在某种程度上是对消费场强的回应。

休闲农业消费场强可以反映休闲农业消费供给健康发展的程度，也在一定程度上反映出休闲农业产业的前景。现有的休闲农业研究尚未对休闲农业消费场强形成定性理论框架和定量测度模型，大多基于消费需求行为、规划布局、发展路径、开发模式、集聚度、满意度评价等视角展开研究，而对于休闲农业消费场强与距离的关系以及消费强度空间依赖性等方面的研究则相对较为缺乏。为此，本书基于场强理论，运用引力（场强）理论模型和空间计量方法等研究方法，对城市居民休闲农业的消费场强开展定性与定量相结合的理论和实证研究。概括起来，本书的主要研究内容和结论如下：

（1）根据消费场强理论，休闲农业消费场强的大小和城市质量紧密相关。城市质量可通过城市居民对休闲农业的消费能力来体现。为此，本书采用 2010~2014 年的省域数据，定量分析休闲农业消费能力的各种影响因素，以此研究休闲农业消费场强。通过比较混合回归、固定效应回归、随机效应回归以及标准误为 Driscoll-Kraay 的固定效应面板回归方法，得出：以标准误为 Driscoll-Kraay 的固定效应为最适回归结果，城市居民可支配收入的提升是休闲农业消费场强实现的重要因素，提高城市居民的可支配收入有助于休闲农业消费场强的增加。城市人口是休闲农业消费的客源保障，人口的增长扩展了休闲农业消费场强的影响范围。此外，城市居民教育文化水平的提升和私家车拥有量、参与养老保险人数、医疗保险收入的增加都有助于提高休闲农业的消费水平。

（2）为深入理解消费者对休闲农业距离的感知态度和行为，本书对南京市市民的休闲农业消费行为进行问卷调查，共获取了 635 份样本。实证分析结果表明，两小时的自驾车程是休闲农业消费强度较高的范围，短途旅游

（一日游、两日游）是城市居民休闲农业消费的主要特征。在出游方式上，大部分消费者选择自驾，少部分群体选择乘坐公共交通工具，该群体多为学生。消费者对于不同距离要素（时间距离、空间距离、费用距离）的态度，呈现群体差异性。城市居民休闲旅游最关注时间距离，其次为空间距离，最后是费用距离。年龄、收入、职业类型皆影响着消费者对时间距离、空间距离及费用距离的感知态度。40 岁以下和 65 岁以上的消费者对时间距离更为关注；高收入群体较低收入群体更看重时间距离，低收入群体相对而言更多地关注费用成本。从职业角度来看，各类人员仍然更关注时间距离。

（3）依托引力模型及其演变形成的场强模型，本书对城市居民休闲旅游的距离要素进行探讨分析与当量转化。基于物理学电场概念，对休闲农业消费场和电场进行类比，进一步完善和明确了休闲农业消费场强的内涵，测度了休闲农业消费场强，并诠释了休闲农业消费场强的叠加效应和距离衰减特性。在对现有距离衰减研究进行归类总结的基础上，本书对休闲旅游距离要素做了种类划分，提出了三维距离概念并对其测度方式进行了辨析，明确了休闲农业消费场强的测度方法，分析并讨论了休闲农业消费场强随距离的变化，得出了消费场强与三维距离、直线距离的量化关系。实证结果表明，三维距离对于诠释休闲农业消费场强的空间分布特性更为合理与有效。

（4）考虑到测度得到的休闲农业消费场强和实际所产生的消费强度的差异性，本书采用 2010~2015 年江苏省县域休闲农业消费的面板数据，在检验休闲农业消费强度空间依赖性的基础上，通过引力模型建立空间面板计量经济学模型。基于此模型，研究休闲农业消费强度的内涵并检验其空间相关性，测算休闲农业消费强度的直接效应和间接效应，分析休闲农业消费强度叠加效应。研究结果表明，城市人均 GDP、景点质量、交通可达性因素的提升和改善对城郊休闲农业消费强度的增长起到促进作用；"毗邻资源模式"的休闲农业消费强度相对较高，邻近地区的人口密度、自然生态环境对于城郊休闲农业消费强度具有叠加效应，这种叠加效应对于驱动区域经济的可持续发展具有重要意义。

综上所知：在综合考虑时间、空间、费用距离的情况下，郊区距离城市越近，其所隐含的休闲农业消费强度越大。然而，除这些客观存在的城市质量因素与距离因素外，郊区自身条件的综合发展，以及同周边城市的合作，也影响着休闲农业的消费强度，这是客观存在的消费场强和实际所观测到的消费强度存在差异的根源。本书在理论上的重要成果是获得了休闲农业消费场强随距离增加而衰减的规律，且提出了三维距离更适合诠释休闲农业消费场强的增长机理。另外，基于引力模型而构建的权重矩阵更适合反映休闲农业的消费强度，其对地区经济相互关联的统计描述具有一定的优越性，能较好地反映休闲农业消费强度叠加效应随距离增加而衰减的规律。

目　录

第一章 绪论

第一节 问题提出

近年来，随着城市居民对乡村田园生活的兴趣不断增加以及农村经济的不断发展。休闲农业①在全球范围内迅速发展（Fabio et al.，2015）。农民通过务农所获得的收入正在下降，农村人口流动现象普遍发生，非农就业成为主流。休闲农业促进了农村文化和自然资源的可持续发展，有利于区域经济的协调发展。自 20 世纪 70 年代末以来，我国在城镇化和经济增长方面取得了巨大的成就，乡村旅游业的发展为之做出了重要贡献。农业农村部的数据显示，2019 年我国乡村休闲旅游营业收入超过 8500 亿元，直接带动吸纳就业

---

① 本书中的休闲农业是指以农业为基础，以吸引城市居民进行休闲旅游为目的，结合旅游业而形成的新型产业，是农业中特殊的产业存在形态。这一定义不仅包含传统的休闲农业概念，还包含乡村旅游的概念。国外旅游界称其为 Agritourism，可翻译为"农业旅游"。这些概念互有交叉，但在具体运用上略有区别。

人数 1200 万，带动受益农户 800 多万户。有研究认为，消费者对乡村文化的渴望，将使休闲农业的消费继续保持增长趋势。

供给侧结构性改革，推动一二三产业的融合发展，给休闲农业创造了重要的发展时机。《"十四五"推进农业农村现代化规划》（以下简称《规划》）提出，建设宜居宜业乡村、绿色美丽乡村、文明和谐乡村，巩固拓展脱贫攻坚成果、有效衔接乡村振兴；依托田园风光、绿水青山、村落建筑、乡土文化、民俗风情等资源优势，建设一批休闲农业重点县、休闲农业精品园区和乡村旅游重点村镇。推动农业与旅游、教育、康养等产业融合，发展田园养生、研学科普、农耕体验、休闲垂钓、民宿康养等休闲农业新业态。《规划》设有乡村产业链供应链提升工程专栏，明确建设 300 个休闲农业重点县、1500 个美丽休闲乡村，推介 1000 条乡村休闲旅游精品景点线路。2022 年 2 月，中共中央、国务院发布了《关于做好 2022 年全面推进乡村振兴重点工作的意见》，其中第十六条提出持续推进农村一二三产业融合发展，重点发展乡村休闲旅游等产业；实施乡村休闲旅游提升计划；支持农民直接经营或参与经营的乡村民宿、农家乐特色村（点）发展；将符合要求的乡村休闲旅游项目纳入科普基地和中小学学农劳动实践基地范围。

休闲农业融合了第一产业、第三产业，目前已成为一种新型的消费业态和产业形态。它不仅将农业原来单一的生产功能拓展为休闲观光、体验农事、文化传承、生态保护等多种功能，满足城市居民接近自然、体验农业、享受农趣、休闲娱乐的要求，而且还能凭借较高的经济效益，调动社会各类经营主体投资农业的积极性。休闲农业在促进农业提质增效、增加农民收入、发展农耕文化、构筑美丽乡村、推动城乡一体化等方面发挥了重要作用，为国民经济持续健康发展提供了重要支撑。

休闲农业促使城市的消费向城郊和农村扩散，将对区域经济的协调发展产生深远影响，但是其目前面临客源不足的问题，尤其是突如其来的新冠肺炎疫情，给休闲农业带来了较大影响。2020 年第一季度乡村旅游的营业收入同比减少 80% 以上，之后随着疫情防控形势逐步向好，乡村旅游市场已基本恢复，但全面恢复还面临一些困难，这给乡村旅游业带来了新的挑战。消费者普遍存在安全避险心态，乡村游客数量的恢复还需一定时日。因此，在追逐休闲农业投资、实施"全域旅游"的背后，蕴含着消费容量、消费强度的问题。

城市人口逐年增加，城市空间日益拥挤，许多城市面临着交通拥堵、环境恶化、生活压力大等难题，出现了所谓的"城市病"。在此背景下，城市居民迫切希望采用休闲、旅游等方式体验一种返璞归真的"慢生活"。城市郊区幽静的环境、朴实的民俗民风，与城市快节奏的生活形成了鲜明对照，促使城郊成为城市居民体验"慢生活"的优选地。因此，在城市的郊区容易形成休闲农业。休闲农业消费场强的大小和城市质量紧密相关，而城市质量可通过城市居民对休闲农业的消费能力来体现。那么，哪些因素影响了休闲农业的消费能力，其市场潜力如何？这是本书要研究的问题一。

休闲农业的景点主要分布于以下两种地方：一是城市郊区，二是主景点的周围。南京市的休闲农业景点大都分布在南京市郊的汤山、江宁、栖霞等地区；上海市的休闲农业景点主要分布在张马村、海湾村、瀛东村、杨王村等地区。主景点周围，如黄山风景区、武夷山风景区、峨眉山风景区周围就有大量休闲农业景点。本书中，我们选择城市郊区作为区域研究背景。

有学者认为休闲农业的市场潜力与其依托的周边城市的市场潜力和其与周边城市的距离有关，他们多采用几何距离（吴必虎等，2004），或者是消费者来源地与目的地几何中心点之间的直线距离来研究休闲农业的市场潜力，然而消费者来源地和目的地的几何中心未必与消费中心相重叠，这就会使研究产生一定的误差。距离衡量尺度的不同将直接或间接地影响休闲农业市场潜力的研究结果。基于此，本书还将探讨以下问题。

问题二：为什么投资者愿意在城市郊区对休闲农业进行投资？根据消费理论，为什么仅仅考虑空间距离的距离函数不适合分析消费场强？与仅仅考虑空间距离要素相比，为什么集时间、成本、费用距离于一体的三维距离要素更适合研究休闲农业的消费场强？

问题三：随着距离衡量指标的变化，城市郊区休闲农业的消费场强呈现怎样的分布规律？在怎样的距离尺度上更有利于投资开发？

问题四：休闲农业消费场强的叠加效果和现实生活所观测到的消费强度呈现怎样的关系？本地区的休闲农业消费强度与邻近地区的休闲农业消费强度呈现怎样的关系？是否受邻近地区消费强度的影响，影响程度如何？

第二节　研究目标与研究内容

一、研究目标

本书以休闲农业为研究对象，探究城市郊区休闲农业潜在的消费能力。本书基于旅游学、区域经济学、地理学等学科，分别从消费能力、距离要素、消费场强的叠加效应、消费强度这四个方面考察不同距离要素类别对消费的影响，并从旅游消费视角探讨城市郊区休闲农业消费场强，以期达到如下目标。

目标一：明确哪些因素影响了城市居民对休闲农业的消费能力。

目标二：明确不同消费群体对距离要素的感知态度。

目标三：明确不同类型的距离要素与消费场强呈现何种规律，何种距离要素更适合诠释该规律的传播路径。

目标四：对不同区域的消费强度进行叠加效应分析，确认消费强度是否存在叠加效应，影响休闲农业消费强度的因素是否存在区域关联性。

目标五：明确采用怎样的距离权重矩阵更适合研究消费强度的叠加效应。

针对以上研究目标，本书提出以下研究假说。

假说一：城市居民可支配收入的提高将促进城市居民对休闲农业的消费能力。

假说二：城市居民人口数量的增长将提高休闲农业的消费。

假说三：接受高等教育的城市居民的数量正向影响城市居民对休闲农业的消费能力。

假说四：休闲农业消费场强随着市区到郊区距离的增加而逐渐衰减。

假说五：休闲农业消费强度与邻近地区存在叠加效应。

假说六：城市居民收入水平的提升促进了本地区休闲农业消费强度的提高。

假说七：郊区休闲农业景点质量的提高可促进休闲农业消费强度的提升。

假说八：郊区交通可达性的提高促进了本地区休闲农业消费强度的提升。

假说九：邻近地区人口密度的提高有助于本地区休闲农业消费强度。

二、研究内容

本书以场强理论为基础，同时结合国内外相关研究理论，通过对城市郊区休闲农业消费场强的分析，从空间的角度确定休闲农业消费潜力的距离衡量指标，并系统分析消费强度叠加效应，主要内容有以下六个方面。

研究内容一：对城市郊区休闲农业消费场强进行理论分析。

研究内容二：基于对休闲农业消费现状的描述分析，对影响城市郊区休闲农业消费场强的消费能力进行面板数据回归分析。

研究内容三：探讨并度量不同距离要素对消费行为的影响，分析不同消费群体对距离的感知态度。

研究内容四：探讨并度量休闲农业消费场强，分析消费场强和直线距离的关系、消费场强和三维距离的关系，以及直线距离和三维距离对消费场强的解释力度。

研究内容五：通过面板空间计量模型，实证分析休闲农业消费强度的叠加效应，诠释城市居民收入水平、景点质量、交通可达性及邻近地区的人口密度对本地区休闲农业消费强度的影响。

研究内容六：阐述休闲农业投融资主体类型，总结分析江苏休闲农业项目的投资现状和投融资困境，阐述江苏休闲农业项目投资发展趋势及主要举措，并以江苏省常州市休闲农业为例，分析其投资收入情况，并预测其休闲农业客流量。

第三节　研究方法和技术路线

一、研究方法

根据场强理论与消费理论的演绎逻辑和研究方法，综合运用物理学、消费经济学、区域经济学、人文地理学中的相关理论，多学科交叉分析城市郊区休闲农业的消费场强问题。采用统计和计量等实证分析方法，确定不同距离指标对消费场强的影响。通过统计描述分析方法，阐述休闲农业的发展现状、发展特征，以及不同消费群体的人口学特征，分析不同消费群体对距离要素的感知态度。使用计量模型分析方法，分析城市居民收入、人口数量对消费能力的影响，从而为进一步研究消费场强做铺垫；通过实证分析，诠释直线距离、三维距离刻画消费场强的差异性，并讨论了休闲农业消费场强与距离的关系；通过空间面板计量模型，分析休闲农业消费强度的叠加效应，从而解释消费场强与消费强度差异的缘由；通过案例分析，研究了休闲农业投融资现状、困境、发展趋势及相关举措。

二、技术路线

本书的主要目的在于研究城市郊区休闲农业消费场强及其空间分布特性。根据引力（场强）模型和空间计量模型，厘清消费场强与消费强度的逻辑关系，分析休闲农业消费强度、叠加效应及其影响因素，探寻城镇化进程中休闲农业的发展对策，发展乡村旅游的投资新理念，促进休闲农业可持续发展。

为达到研究目的，先要厘清休闲农业是否存在消费场强，之后再采用理论模型对消费场强加以度量。在了解近些年休闲农业消费现状的基础上，为弄清城市郊区休闲农业的消费场强、消费能力及其主要影响因素，本书首先探讨消费场强与距离之间的关系。其次，为深刻认识消费场强在不同距离衡量指标下的空间分布特性，对距离要素类型进行度量并解析，同时分析不同消费群体对于距离要素的感知态度。另外，为进一步明确消费场强的空间分布特征，本书基于物理学电场概念，将休闲农业消费场和电场进行类比，对单场源与多场源条件下的休闲农业消费场强做更为细致的定量描述。基于上述研究，考察何种距离要素更有利于诠释消费场强的传播路径，进而分析此传播路径是否能体现实际所观测到的消费强度与距离要素之间的变化规律。再次，考虑到消费场强的空间分布特征与消费强度的现实情况既有相同之处又有差异之处，本书从消费强度叠加效应角度分析差异存在的根源，验证了休闲农业消费强度叠加特性及其影响因素。最后，以江苏省常州市为分析案例，总结分析江苏休闲农业项目的投资现状及存在的投融资困境，分析案例投资收入情况，预测案例休闲农业客流量。综上所述，得出本书的研究结论和对策建议。

本书的研究内容及研究思路构成了本书的技术路线，如图1-1所示。

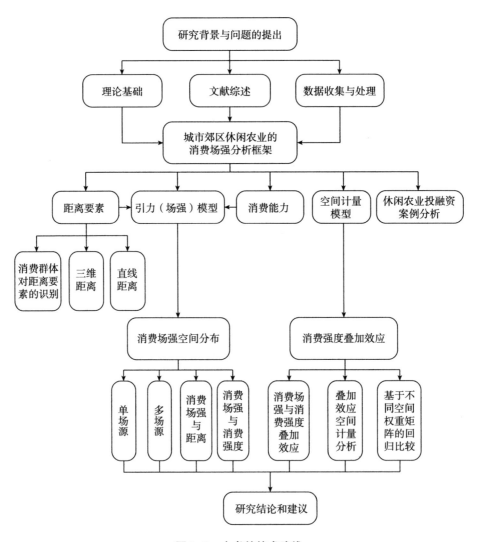

图1-1　本书的技术路线

第四节 本书的创新与不足

一、创新

与其他研究相比，本书的创新主要有以下三点：

（1）已有休闲农业研究主要围绕消费者的消费需求、满意度等微观方面以及休闲农业集聚度、空间布局、发展规划等宏观方面展开，本书则通过场强模型和空间计量模型，重点分析休闲农业消费场强及其叠加效应和影响因素，探究休闲农业消费场强和实际所观测到的消费强度的异同之处，既论证了休闲农业消费场强的存在，同时又指出了消费场强区别于实际所观测到的消费强度的机理。

（2）借鉴物理学电场概念，将休闲农业消费场和电场进行类比，建立城市居民休闲农业消费的引力（场强）模型，量化描述城市居民对郊区休闲农业消费的空间分布，并指出集时间距离、空间距离、费用距离于一体的三维距离在空间上能更准确地描述休闲农业消费场强随距离增加而衰减的变化特性。

（3）基于引力模型同时考虑经济与地理因素所构建的空间权重矩阵，较好地契合了休闲农业消费的空间相关性，并解释了休闲农业消费强度叠加效应随距离增加而衰减的规律。

二、不足

受研究能力和数据获取等方面的限制，本书也存在一些不足之处，主要体现在以下两个方面：

第一，在度量消费场强时，本书假设不同城市的农游系数 k 是一致的，但是不同城市的消费群体对时间距离、空间距离、费用距离的认识存在差异，如果要全面分析这些城市的异同情况，需要对这些城市的消费者进行问卷调查进而做深入研究，所以进行更为细致全面的微观调查以便获取更为精准的不同城市的农游系数 k 将是未来的研究需要探讨的。

第二，本书在度量距离时，采用驱车方式来度量时间距离、空间距离以及费用距离，并未涉及多种交通工具的组合，这将是未来需要努力的方向。

第二章 理论基础与文献综述

本章首先对本书涉及的核心概念进行界定，其次对场理论、旅游消费相关理论做进一步的阐述，最后对场、场强、消费场强、引力模型、距离要素等方面的相关文献进行回顾与总结，进而提出本书的切入点。

第一节 核心概念界定

一、场

场（Field）这个概念来源于物理学，它的使用一般具有严格的规定，与场对应的物质存在形式必须是客观的物质实体①。场的概念由法拉第首先提出，通常指自然空间中物质实体（大到恒星、行星、卫星等天体，小到电子、

---

① 物理学对场的界定，还存在以下两种情况：一是，场指分布在空间区域内的物理量或数学函数，如应力场、温度场、速度场等。二是，场指空间区域本身，不一定是物质存在的形式，而是为了研究方便才引入的概念。参见《辞海》（理科分册）。

质子、分子等微观实体）间的相互联系、相互作用。作为物质存在的一种形式，场表示了物体的空间分布情况，具有一定的质量、能量、动量、结构、属性，并在空间中相互影响、作用、联系及转化（施国良，1987；郭正模，1984）。作为一种特殊的物质，场难以被触摸感受到，但它在实际过程中确实存在，如电磁场、重力场等。场，也称为相互作用场，存在于整个空间之中，物质之间的相互作用也是依靠相关的场来实现的。究其本身，场具有质量、能量和动量的属性特征，在一定条件下可与实物相互转化。由牛顿引力理论可知，物质之间的相互作用，需要通过力来加以实现，具体表现为引力、电磁力、弱力、强力，或者说是这四种力的统一，该场的实际内容是一定范围内的物理力或物理作用。

物理学中的电磁场、引力场、核力场等物理场都是力场或者说是相互作用场。物理学界对于场理论的重要贡献在于，采用场理论描述了场空间中物体的相互作用和运动规律，并获得了自然空间中物体之间通过场相互影响、作用、联系及转换的规律（Galley and Hu，2008）。

场的一个重要属性是它拥有一定的空间区域。在空间区域中，如果存在若干个元素，这些元素具有特定的分布规律、运动规律，且它们之间相互作用，那么可根据物理状态采用时空函数进行描述，进而形成连续的"空间状态"。在场域内，除了某些特殊点或者表面以外，场函数是连续的。根据场的时间相关性划分，如果物理状态与时间无关，称为静态场；反之，则为动态场。

事实上，将场的概念引入经济学中，主要是研究其相对关系，而非绝对存在，然而这种相对关系仍然是以绝对存在为前提和条件的，并且在经济空间内也同样存在着类似的相互作用和相互转换（孟氧，1999）。

物质可以通过两种不同的形态存在，即"微粒"和"场"。实物形态属于间断形态，而场则属于连续形态。场充满整个空间，使间断的实物之间产生联系。从物理学借鉴到经济学的空间、场概念及其理论，正逐步发展成经济空间论、经济场论，与这些理论密切相关的是区位理论、空间经济学以及区域经济学的相关内容。

二、消费场强

场强模型引入了物理学中场强的概念，即电场强度[①]。现有的经济管理研究大都借用该物理学的概念，将中心城市吸引作用称为城市影响力的力场，将影响力的大小称为"场强"，场强模型侧重强调中心城市对周边地区的影响和辐射，即某地区的城市作用场强是区域内所有城市对该地区辐射作用的总和（黄金川等，2012；王德和郭洁，2003），并遵循"距离衰减规律"，场强随距离的增大而减小。每个城市的影响力都覆盖区域内任意一点，可依据取大原则确定该点场强及其归属（邱岳等，2011），从而界定多个城市的辐射范围（陈进栋等，2012；魏伟等，2012）。在这种情况下，中心城市作为区域经济增长极通常具有较强的辐射和扩散效应，而外围地区同时受到多个中心城市的叠加作用，这种辐射扩散效应通常可通过场强来反映（潘竟虎等，2014）。经济辐射的含义是指经济发展水平较高的地区为辐射源，经济发展水平相对较低的地区作为受力点，以交通为辐射媒介，使资本、技术、人才、信息等资源从辐射源向受力点流动（方大春和孙明月，2015）。

旅游经济研究文献中所运用的场强模型通常强调旅游城市对周边地区旅游经济的影响和辐射遵循"距离衰减规律"，认为旅游城市具有集聚和扩散的功能，旅游城市的发展影响着周围地区旅游经济的发展。吴清等（2013）将某城市旅游经济的腹地称为该城市旅游经济影响力的"力场"，影响力的大小

---

① 电场是矢量，有大小和方向，每一个电荷都会在它的周围形成一个电场。

称为"场强"，以城市旅游经济的综合规模值为评价旅游经济场强的综合变量，并认为区域范围内任一位置点都接受来自该城市的辐射，从而通过场强取大原则确定该点场强及其归属，并界定旅游经济的腹地范围。这一研究基本上假定研究区域均质（即区域内的任意一点受到来自城市市区的辐射机会均等），从社会物理学视角，将中心城市吸引范围称为城市影响力的力场，将影响力的大小称为场强。

本书将消费场强定义为，"假定区域均质的前提下，城市居民对城市郊区休闲农业的潜在消费需求"。其中，对于"区域均质"的假定，是指城市对其周围郊区的辐射所经过的空间范畴是均质的，该区域并不包含城市郊区休闲农业项目，即不包含旅游消费目的地，因为目的地（休闲农业项目）的建设情况是有差异的，是异质性的。另外，潜在消费需求表达的是一种消费需求的存在性，它既看不到也摸不着，不能被我们的感觉器官所直接觉察。该潜在的休闲农业消费需求所对应的郊区休闲农业项目如果得不到开发建设，即便潜在消费需求很大，也无法得到体现。如果该潜在消费需求所对应的郊区休闲农业项目得到了适度的投资与开发，那么该潜在消费需求将得以体现，并通过休闲农业的"消费强度"表现在现实生活中，该消费强度是可以直接被我们的感觉器官觉察到的，我们可以通过郊区休闲农业的消费收入得到消费强度。需要注意的是，郊区休闲农业的潜在消费需求并不完全等同于它的消费强度，潜在消费需求通常高于消费强度。这是因为，能否将郊区休闲农业的潜在消费需求完全挖掘出来，一方面取决于对郊区休闲农业项目的规划、投资与建设，另一方面取决于郊区自身的资源禀赋，不同的郊区之间开发休闲农业的条件是有差异的，这种差异性将影响潜在消费需求所能被挖掘的程度。上述概念的提出，旨在探讨在怎样的距离尺度上布局休闲农业项目是合理的，是具有投资开发价值的。

三、消费场强、消费强度、消费需求之间的关系解析

休闲农业的场强是客观存在的，当城市居民可支配收入达到一定水平时，就会产生对郊区休闲农业的需求。而观测到的消费强度是实际发生的、能被直接观测到的，它受景点建设状况的影响。只有存在场强，投资郊区休闲农业才有可能吸引客户，场强是产生实际消费强度的基础。虽然场强是客观存在的，但真正形成的消费强度的大小，受城市消费能力的影响。同一距离圈内的场强是均匀分布的，不同圈层离城市的距离越近，则场强越大，但在同心圆里是相同的。休闲农业消费强度的分布，与景点分布有直接关系。然而，休闲农业的场强分布，和景点分布并无关系。我们日常所能实际感知并测度到的休闲农业消费需求，是来自各个城市的休闲农业消费需求的总叠加值。

"消费场强"与"消费强度"两者的关系类似于"引力场"与"引力"的关系，消费强度反映消费潜力。

第二节 理论依据

场理论是物理学的一个重要分支，一般而言可划分为物理场和社会场两大类。场理论不仅广泛应用于力学、物理学、无线电等自然科学领域，也应用于物理学以外的，如社会学、管理学、经济学等社会科学领域。根据不同的方法，场的分类也不同。依据数学表现形式，场可划分为矢量场和数量场；依据场要素变化情况，场可划分为稳定场和变化场；依据场变化是否可控，场可划分为可控场和不可控场。

一、物理场与经济场

经典物理学认为，在统一的物质世界中存在着各种物质形态，场只是其中一种物质形态。实物是物质的另一种形态，场与实物同时存在并且密切联系。场与实物皆有质量、能量和动量等属性，存在形式和结构变化多样，均具备波动性和微粒性。这不仅决定着场与实物相互之间的运动形态，且在一定条件下可使两者相互转化。场与实物的差异主要表现为（汤银英，2004）：①场可在同一空间中相互叠加，而实物则不易在空间中发生叠加；②场具有突出的连续性属性，而实物则表现出明显的间断特性；③场不具有静止的质量及确定的形态和边界等属性，但实物具有静止的质量、确定的形态及客观存在的边界等属性。

物理学中的"场"是指物质存在的基本形态，包含物质相互作用的空间区域。与之相类似，在经济空间中，空间要素也存在着相应的联系、作用和转换。将场理论融入经济研究中，就是将空间经济与场理论相关联，构造经济空间以及其所关联的一系列空间集合，并对空间要素及其作用形式进行量化描述，对空间区域内各经济活动行为进行分析，实现对经济空间深入系统的理论探究和实际应用（杨先卫和阎理，2006；杨萍，2010；王新生和姜友华，1997）。经济客体间的作用也类似于质量物体间的作用，可以场理论为基础，描述经济客体对外在因素的影响能力。可依据容量、范围和地表分布形式的不同，将经济客体划分为点状经济客体如城市、县镇等，线状经济客体如交通运输线、经济地带等，以及面状的经济客体如经济区域等，进而分析它们各自对外的影响能力（王新生和姜友华，1997）。根据"制高点"法则，我们可以把城市作为扩散点的场源，把交通通道、陆地或山地等作为"场"的扩散通道，不同区域之间由此得到相同的扩散势能点，将这些扩散势能点连接起来就可以得到不同城市"势能场"的影响范围。这种"制高点"法则所分析的城市影响并未包括来自其他地区的影响。事实上，随着信息化和全球化浪潮的加剧，全球经济逐渐由"地点空间"向"流空间"转换（关兴良等，2012；刘卫东和陆大道，2005），外围区域往往被多个城市所争夺和影响，其不可避免地与其他城市的外围区域存在联系，尤其是邻近地区，邻近地区的辐射，将形成"场强叠加"的结果。

随着城镇化进程的推进，各中心城市均不同程度地发展壮大，地方保护对区际联系的阻碍不断削弱，伴随着交通通信技术和科技信息产业的发展，城市腹地的空间"场能"日益增强，区域间的联系将进一步紧密。

二、消费场强理论

场本质上是空间相互作用的形式，旅游流的空间相互作用产生了旅游需求空间场。正如物质运动描述了"空间场"的客观存在性，旅游流的形成与转移也可描述"旅游流空间场"的客观存在性。

旅游流形成于旅游人员从客源地向目的地具有目的性和一定规模形式的空间移动（杨国良，2008；徐乐乐，2003）。旅游消费需求转移表现为旅游人员在各个旅游节点之间的空间往复运动，各旅游流节点产生作用于其他节点的效能，形成"旅游流空间场"（王长生，2001；谢彦君，2005；王子龙和谭清美，2006；马耀峰等，2008；李君轶等，2008）。

休闲农业消费行为活动表现为消费者在客源地与目的地间的空间往复运动，其间的相互作用就构成了"消费场"，消费场中作用强度的变化，将影响消费场的扩散方式。

从单一场源的角度来看，休闲农业消费场强的空间尺度表现为：①吸引物尺度。由旅游流的来回运动所产生的旅游场强，一般表现为场强随着吸引物距离减小而增加。如果客源地的游客对吸引物的出游量大，那么等场强线分布趋于密集，且等场强线整体凸向客源地。②旅游地尺度。旅游景区吸引力强则旅游客流量大，因而吸引力强的旅游地周围等场强线分布密集。如果旅游景区吸引力一般，那么其周围等场强线分布稀疏。如果吸引物之间的旅游客流量差别较大，那么等场强线数目多，因而重要吸引物的旅游流的集聚效应大于扩散效应。③旅游区域尺度。如果核心旅游地与附近旅游地周边的场强差异较大，那么核心旅游地周边会形成多环形等场强线，且周边区域的等场强线密集分布，而附近旅游地周边区域的等场强线难以闭合。从区域旅游场演化来看，如果旅游地与其他旅游地之间的旅游流表现出集聚趋势，那么此旅游地的客流极化效应大于扩散效应，等场强线密集化加剧，反之，则此旅游地的客流扩散效应大于极化效应，等场强线进一步稀疏。

然而，现实生活中通常呈现多元场源，表现为：①区域中各旅游地对游客的吸引力在空间上相互影响，形成了旅游场的"场叠加"。②区域中各旅游地对游客吸引力较大的旅游景点，在旅游场中会表现出"场核"特征。场核对旅游场中的各点具有不同强度的场势能，多个"场核"之间产生的场势能将发生叠加效应。③各场源对区域旅游消费场呈现扩散效应，展现了旅游消费场的场强分布差异性。

场强高值区大多处于城市附近，距离中心城市越近，场强值越大，根据距离衰减规律呈同心圆状向外辐射扩散，从而形成了中心—外围结构（吴清等，2013）。

在城市群从互不关联、孤立发展的单一城市演变为彼此联系、均衡化发展的一体化区域的过程中，城市节点不仅有着强烈的集聚极化效应，而且有较为明显的对周边地区的辐射扩散作用，即中心城市人口、产业的向心运动与离心运动并存。中心城市的外围地区受到核心的辐射作用。受中心地区要素过度密集的外压力和周围地带快速提升的内聚力的共同作用，中心城市的离心运动逐步显现。如果一个区域受到多个上级中心城市的扩散效应的影响或者空间上十分接近某一中心城市，那么该区域受到的城市辐射作用强。外围地区同时受到多个中心城市的辐射作用，这种多重影响的叠加效应可借助场强模型来测度（黄金川，2016）。

场强模型可测算区域经济影响范围，其实现原理是各城市通过扩散途径向其周围扩散影响力。但这种方法有一定的局限性，在经济欠发达区域这种城市经济势能的扩散只在理论上存在。对每个城市场源来说，区域内任意一点，无论是时间距离还是空间距离都是永远存在的，而城市场源的规模大小也是存在的，则任何场源对区域内每一点都必然产生势能。经济欠发达区域一些远离城市场源的点所接受的场势能极其微小，但"制高点"法则赋予了该点归属范围，从而能得到城市场源对该点的影响范围，可实际生产活动中这种影响力由于极小基本上可忽略或认为不存在。经济发达区域因为时间距离大大缩小，城市场源影响力规模在扩大，城市间的经济联系大大增强，所以城市对周围的影响力也确实存在。因此对于区域经济长时段的演化来说，用"制高点"法则计算经济影响范围以此获取区域系统的空间结构发展演变规律是不可取的。事实上，区域系统内任意一点在某一时间接受的所有城市的势能强度的大小是可以获取的，一种是取"和"，另一种是取"平均值"，虽然取"和"能对各点进行比较，但远高于该点接受势能的真实状态，所以取平均值比较合适（沈惊宏等，2015）。

从本质上来讲，旅游也是一种贸易活动。国内专家学者不断改进针对贸易活动所构建的引力模型，进而发展出了适合描述旅游活动的"旅游引力模型"（张鹏等，2008）。该模型主要用于测度旅游消费需求，因变量为旅游消费额或消费者数量，自变量通常有消费者的收入水平、交通成本、来源地与目的地间的距离等，目的地通常被假定为无差异。

引力模型是描述空间相互作用力的基本理论模型。依据此模型，城市与郊区之间的相互作用力与市区规模成正比，与两者的距离成反比，见式（2.1）：

$$Q_{ij}^* = k_i \cdot (m \cdot M_j)/r_{ij}^2, \quad (Q = \sum_{i=1}^{n} Q_{ij}) \qquad (2.1)$$

式中，Q_{ij}^* 表示 i 地区到 j 地区的相互作用力，本书以单位面积上的消费额表示；m 表示休闲农业景点自身的质量，m 值越大，说明休闲农业景点对周围的吸引力越强，本书在假定其未知或者与 Q_{ij}^* 无关的前提下，将其定义为可控因素；M 表示城市的质量，本书以城市的消费能力来体现，由人口规模、人均可支配收入等因素决定；k_i 反映了区域自身的特点，它随着城市自身影响力的变化而变化；r 表示从城市中心到郊区的距离。

每个城市都有核心区域，通常被称为市区，为了测算市区对郊区休闲农业的潜在消费需求，本书重点介绍场强模型。场强模型源于物理学中的引力模型，是研究中心对外围辐射力逐渐衰减的典型范式，能准确描述中心地的影响力。近年来，对该模型的研究重点聚焦于精确描述中心地综合规模、中心地与腹地之间的距离（Geurs and Wee，2004；Visser et al.，2007；Ferrari et al.，2011）。

关于休闲农业消费场强的度量，本书将城市的综合消费能力作为城市休闲农业消费场强的总衡量指标，则市区 i 作用于郊区 j 的场强 Q_{ij} 的计算公式，见式（2.2）：

$$Q_{ij}^* = k \cdot \frac{M^*}{r_{ij}^2} \qquad (2.2)$$

式中，Q_{ij}^* 为需要验证的消费场强值；k 表示系数（本书定义为农游系数，将在第五章进行详细论述）；M^* 表示市区 i 的休闲农业总消费能力；r_{ij}

为市区 i 到郊区 j 的距离。

消费能力是指为满足自身需要而对商品和服务进行消费的能力（Comish，1936），一般表现为支付能力以及对产品的可消化能力。居民消费能力可分为表象消费能力和实际消费能力这两个层次。表象消费能力是指在当前的物价条件下扣除所得税和社会保障税后的居民可支配收入所覆盖居民所需商品和服务的能力，即居民可支配收入和物价水平的比对关系。实际消费能力是指居民愿意并且能够自由支配收入的能力。居民可用于消费的可支配收入还要去除教育、养老、医疗等计划性支出和意外事件、人情世故等计划外支出。消费能力在某段时间和区域范围内是受到限制的，主要受到预算、时间和生理等条件约束。其中，预算约束可通过代际传递和替代来突破，即当代人由于收入不足而未进行的消费可由后代人实现，当代人剩下的预算可留给后代人使用。但是，时间约束和生理约束是不可逆转的，不仅不能在两代之间转移和传递，即使在同一个人身上也不能逆转（陆丰刚，2013）。休闲农业的主要消费群体是城市居民，他们的消费能力影响着休闲农业的发展。

通过对引力模型的转化及应用，可得式（2.3）：

$$Q_i^* = \int_1^\infty K_r \cdot 2\pi r \cdot dr \qquad (2.3)$$

式中，K_r 表示与市区距离为 r 地的消费强度；Q_i^* 表示城市 i 在单位面积上的休闲农业的潜在消费需求；r 表示城市 i 的半径。

$$\bar{q} = k_i \cdot \frac{\sum\limits_{i=1}^{n}\sum\limits_{j=1}^{m} M_{ij}}{\sum\limits_{i=1}^{n}\sum\limits_{j=1}^{m} S_{ij}} \qquad (2.4)$$

式中，假设 $k_1 = 1$，求 $\bar{q}$。其中，$\bar{q}$ 表示城市郊区休闲农业的总消费场强（均质化）；M_{ij} 表示城市郊区 i 在 j 年休闲农业消费额的观测值；S_{ij} 表示城市郊区 i 在 j 年的乡村土地面积；n、m 分别表示城市郊区数量和年份数量。通过式（2.4）可得到式（2.5）：

$$\overline{q} = k_i \cdot \frac{\sum\limits_{i=1}^{7} \sum\limits_{j=1}^{6} M_{ij}}{(r_i^2 - r_0^2)} , \ r_0 = \sqrt{\frac{S_i}{\pi}} \qquad (2.5)$$

式中，r_i 表示城市 i 从市区中心到各郊区的集时间距离、空间距离和费用距离为一体的三维距离；r_0 表示以市区中心为原点的市区范围界限，假定主城区是以市区中心为原点，以 r_0 为半径的圆形面积，再根据城市主城区的面积求得 r_0；k_i 表示市区 i 自身的特点，随着场强的变化，系数 k 也会相应变化，综合上述引力模型和场强模型的公式表达，可求得系数 k 的值。

三、消费理论

休闲农业属于农业与旅游业相结合的新型产业，狭义上仅指满足游客观光需求的农业，广义上涵盖了"休闲农业""观光农业""乡村旅游"等多个概念，实现了对农村资源的综合开发，是对农业"三产"（生产、生活、生态）功能的延伸，是第一产业和第三产业相结合的新型产业。本书将从休闲农业的广义概念入手，着重研究其旅游消费的特性。

消费是旅游者在旅游活动过程中最显著的特征，旅游者的消费水平和消费总量对接待地经济发展具有一定的经济意义。所以，旅游消费一直是旅游学研究的重点，被学者广泛关注。目前，学者对旅游、旅游产品以及旅游消费等概念有多种看法，对旅游消费的实质、对象、内涵的认知存在一定差异。

林南枝和陶汉军（1994）从行为学的角度定义旅游消费，认为旅游消费是指人们在旅游过程中为满足个人享受和发展需要而购买旅游产品的行为和活动。世界旅游组织从旅游者的角度出发，将旅游消费看作是由游客使用或为他们而生产的旅游商品和服务的价值，并将其和国民经济核算体系中的

"最终消费"的概念紧密联系在一起，把旅游消费看作在总量上与旅游收入相等的指标（王大悟和魏小安，1998）。综合上述两种观点，田里（2006）指出，旅游消费在动态意义上是指游客支付货币购买旅游产品以满足自身旅游需求的行为（过程），在静态意义上是指由游客使用的或为游客生产的旅游商品和提供的服务的价值。

在现实中，旅游消费更多地表现为一个经济学术语，因此，大多数学者从经济学角度将旅游消费看作人们在旅游过程中的消费支出。虽然学者的表述有所不同，但实质并无差别。罗明义（2001）认为，旅游消费作为居民消费的重要组成部分，是指人们在旅行游览过程中，为满足自身享受和发展需要消费的各种物质资料和精神资料的总和，是人们在满足衣、食、住、行等基本物质生活需求后，随着收入提高和闲暇时间增多而产生的高层次消费。他还认为，旅游消费是对旅游产品的消费，而旅游产品是一种综合性产品，囊括了食、住、行、游、购、娱。因此，不同于一般物质产品消费，旅游消费具有综合性、消费与生产的同一性、不可重复性、变动性和替代性等特征。

宁士敏（1999）指出，旅游消费作为一种较高层面的消费是指旅游主体（旅游者）在有时间和资金保证的情况下，从满足个人享受和发展的需要出发，凭借旅游媒体服务创造的条件，在旅行游览过程中购买食、行、住、游、购、娱等旅游客体的货币支出总和。谢彦君（2005）认为，旅游消费有狭义和广义之分，狭义的指旅游消费，广义的指旅游者消费，两者是不同的。对旅游者在旅游过程中所购买的物品和服务进行分解，可以发现旅游者消费在构成上更为复杂，且包含了旅游消费的内容。旅游者在旅游过程中购买的产品不仅包括核心旅游产品，还包括能使旅游活动得以顺利进行的媒介型旅游产品、旅游购物品及在旅游过程中满足其基本生活需要的一般消费品。狭义的旅游消费主要指的是旅游者以购买进入景区（景点）进行观赏或娱乐的票证的方式花费个人积蓄的过程，这等价于旅游者对核心旅游产品的消费。而旅游者消费指旅游者在旅游过程中购买和享用组合型旅游产品的过程，从消费量上来看，它指代旅游者在旅游过程中货币支出的总和；从对应关系来看，旅游者消费是对组合旅游产品的消费，即形成旅游业收入的源头。因此，在实际情况下，人们更为关注旅游者消费，人们通常意义上所提到的旅游消费是指旅游者消费。

张辉和厉新建（2004）也提出了旅游者消费的概念，但他们认为旅游者消费是以价值形态来衡量的旅游需求的数量，包括三个指标：旅游者消费总额、旅游者人均消费额和旅游者消费率。旅游者消费总额指一定时期内旅游者在旅游目的地的所有货币支付，包括旅游者在旅游活动中购买商品、享用服务的开支，如餐饮费、住宿费、交通费、娱乐费和购物花费等。对于目的地来说，旅游者消费等同于目的地旅游收入，对目的地具有重要的经济意义。

综上所述，对于目的地来说，旅游消费总额在量上等同于目的地旅游收入。旅游消费是人们的基本生活需要得到满足后产生的高层次消费需求；从其经济影响角度来看，旅游消费具有不同于一般传统产品消费的特点（田里，2006；罗明义，2010）。

第三节　相关文献综述

一、关于场、场强、消费场强的研究

随着场论的进一步深化与发展，场论思想逐渐被推广，在经济管理领域相继出现了物流场、社会场、引力场、知识场、扩散场等理论。从宏观角度来看，Isard（1971）进一步发展了重力场引力模型，提出了目标城市与周边若干城市相互作用的总潜力模型；孟氧（1999）借助量子力学的介质场理论，基于自然与社会交错运动的分析，研究了自然时空向经济时空转化的特性，论证了经济学的社会场问题；傅为忠等（2009）基于引力模型提出了经济辐射场强模型，重点研究了合肥、马鞍山、芜湖三座城市融入长三角城市群发展的客观和主观条件，为安徽三市融入长三角经济发展提供了理论依据。在区域研究范畴中，有研究认为城市借助其网络通道带动了周边地区的发展，其所产生的势能差也可抽象表达为"场"（黄慧丽，2009）。陈国宏和王吓忠（1995）从微观角度着眼，提出了技术创新扩散场的概念，并分析了技术势差与技术扩散的特性。陈飞翔建立了描述吸收体知识发展状态的经济模型，阐明了知识扩散的条件、过程和作用机理。张黎和蓝峻（2005）在定义知识扩散场后，对传统企业知识化这一问题进行了研究，探讨了知识扩散的梯度、散度及知识扩散的规律，从而阐明了如何应用知识扩散场。刘茂长等（2009）运用场的思想和 Logistic 基本原理，构建了基于创新产品的扩散扰动模型，并实证分析了移动通信产品的扩散扰动情况。

场强理论在区域经济学中被广泛应用，主要用于探讨城市影响力、旅游经济辐射等问题。这些研究大多假设区域处于均质的条件下，即区域内的任意一点受到来自城市市区辐射的机会均等。学者们采用物理学概念，将中心城市吸引范围定义为城市影响力的力场，并将影响力的大小定义为场强（魏伟等，2012），继而根据场强取大原则来深入探究城市的腹地范围（邱岳等，2011）。城市腹地（Hinterland），也称城市影响区，指中心城市的吸引力和辐射力对周边社会经济发展起主导作用的地域，是中心城市经济力量向外扩张的具体表现。作为中心城市经济力量向外扩张的区域，城市腹地是统筹城乡发展的重要区域，也是城乡统筹发展过程中形成的新型城乡关系形态。场能强度与中心城市的影响力正相关，区域中心城市的综合实力强，则区域受到的城市辐射大，中心城市所形成的潜在腹地面积广，该区域的发展动能强（潘竟虎和刘莹，2014）。从旅游实力来看，某城市的旅游经济辐射场强是所在区域内的所有城市对该城市辐射作用的叠加，一个城市的旅游经济实力主要受经济、旅游、生态环境以及社会发展程度等要素影响（暴向平等，2014）。

二、影响休闲农业消费场强的因素分析

当前，关于休闲农业消费力强弱的影响因素，多数学者从人口学（Murphy and Williams，1999；Park，2009）、旅游消费行为（Sharpley et al.，1996；Oppermann，1996；Frater，1983）、宏观经济形势（Walmsley，2003；Oppermann，1996；Richards，1996；Che et al.，2005；Sim and Song，2009；杨丽华，2009）等角度展开研究。

根据消费经济学理论，由于年龄、性别不同，消费者在需求、习惯、生活方式、态度、消费心理等方面都存在着差异。Richard 和 Sharpley（1997）基于欧洲数据得出一日游在乡村旅游中的占比最高。Park（2009）对韩国乡村旅游者的社会经济特征和动机进行了研究，发现在四种类型的乡村旅游者中，家庭一同出游的占比最高，达到了 37%，他们每年都会进行 2~3 次乡村旅游，平均每人的支出超过 1000 美元。中国有关休闲农业的研究大都以某个区域为对象（赵仕红和常向阳，2014；李琳和徐洁，2013），通过截面调查数据进行微观研究，或者从需求角度基于某一特定要素进行针对性研究（张玉香，2013），通过对游客的个体消费特征进行分析，发现由于休闲农业项目涉及大量的娱乐活动，其中一些固定安排的、正式的参观活动相对容易量化，

而非正式的参观活动则较难度量。

休闲农业在旅游者的人口学特征、态度和行为特征方面与其他旅游存在明显差异（Murphy，1999），休闲农业的游客大多是具有一定经济实力的中老年人或带孩子的家庭（Sharpley，1996；Oppermann，1996；Frater，1983）。Oppennann（1996）对德国南部的调查研究发现，休闲农业与乡村旅游的主要客源是有孩子的家庭和年长的夫妇。Frater（1983）发现，在澳大利亚休闲农场中度假的，有2/3是退休老人。在中国人口老龄化背景下，老年人口也是休闲农业重要的市场群体。一定比例的城市老年人成长于农村，在城镇化进程中逐渐由农村转移到城市工作、生活，他们对农耕文化有着深刻的感受与体验，对乡村生活有着割不断的依恋，而休闲农业为他们提供了一个休闲和回归自然、贴近自然的空间和环境，消解了乡愁情绪（张玉香，2013）。从消费需求角度来看，对比其他消费者，老年人对休闲农业与乡村旅游有更多的需求，他们对户外田园娱乐生活及农事生产具有极大的兴趣（Sim and Song，2009）。

旅游是一种非基本需求，只有具备了充足的可自由支配的收入和旅游时间后，人们才可能产生旅游的愿望和行为。收入增加是休闲旅游的基本物质条件。Richards（1996）从旅游需求和供给角度研究了旅游特征及影响因素，发现收入水平是影响旅游的重要因素。李云鹏（2005）发现，城市居民国内旅游消费主要受当期收入和价格的影响。孙根年和薛佳（2009）指出，人均可支配收入是影响居民国内旅游消费的重要因素。目前，收入对城市居民国内旅游消费具有决定作用的观点已得到大量实证检验。滕丽等（2004）发现，城市居民的出游率和人均旅游花费存在明显差别，这与人均收入紧密相关。

随着中国经济的快速发展，城市居民收入稳步增长，为发展休闲农业提供了经济基础。根据国际经验，当人均GDP达到1000美元时，旅游需求急剧膨胀且主要是观光性旅游需求；当人均GDP达到2000美元时，将基本形成对休闲的多样化需求和选择；当人均收入达到 3000 美元时，度假需求将会产生。当前中国城市居民在满足基本需求后，其消费倾向逐步多样化、高级化和个性化（郭焕成和吕明伟，2008）。

三、引力模型与空间扩散经济

经济学中的引力模型来源于牛顿的万有引力定律，在国际贸易和区域经济研究中有着广泛的应用。赖利通过调查美国大量城市，并借用物理学的万有引力定理，提出了著名的零售引力定律。康维斯应用万有引力模型提出了著名的"断裂点"公式，发展了赖利的零售引力定律，并将之应用于测量区域经济中城市之间的相互吸引力。艾萨德则提出了两个城市之间的相互吸引力与城市间的人口成正比、距离成反比的函数关系，指出引力模型在国际贸易中有着重要的作用。丁伯根和波伊豪宁是较早提出贸易引力模型的两位学者。该模型预言两国双边贸易额与两国的经济规模成正比，而与国家间距离成反比。空间经济学学者在研究中引入引力模型，为加强区域间的经济联系与合作，统筹区域经济一体化和城市协同发展提供了理论层面的支持与决策依据。国内城市经济学学者在借鉴国外相关研究成果的基础上，针对我国的具体国情，进行了大量研究，取得了不少成果。饶会林（1999）和冯云廷（2003）在引力模型的基础上提出了城市影响力模型，该模型具有很强的适用性与应用性。李震等（2006）、陈彦光和刘继生（2002）、张义文等（2001）、李璐和季建华（2007）、胡序威等（2000）、高汝熹和罗明义（1998）、尹虹潘（2005）、张召堂（2005）构建了城市空间分布的引力模型，并以此展开定量研究。李震等（2006）认为，目前中国已形成了 6 个块状组团式城市聚集区、10 个条状组团式城市聚集区和 8 个以大城市为核心的城市群区。陈彦光和刘继生（2002）借助 1949~1998 年的人口演化数据，以北京—天津的空间相互作用为实例，对城市引力关系的空间作用进行了相关分析和波谱分析。他们认为，基于引力模型的功率谱分析在未来的城市体系研究中将会广泛开展。张义文等（2001）依据空间相互作用理论，利用断裂点方法，对河北省主要城市的吸引范围进行了测算。李璐和季建华（2007）对城市空间界定方法进行了研究。胡序威等（2000）、高汝熹和罗明义（1998）、尹虹潘（2005）以及张召堂（2005）等众多学者均对引力模型的运用进行了相关论述。

将引力模型引入旅游需求领域，其所表达的内涵为旅游需求大小与客源地和目的地两者的人口数量成正比，而与两者的距离成反比。在具体应用上，距离因素可通过旅游时间、旅游成本、感知维度等因素进行演绎。虽然引力模型在20世纪六七十年代已被广泛应用，但由于它以物理定理为理论基础，所以该时期用它研究其他学科尚缺乏相应的依据。之后一些学者对引力模型进行了修正，如增加一些人口学特征、价格因素、属地因素等，利用修正后的引力模型进行的研究逐渐靠近以需求原理为基础的应用经济学研究。引力模型运用在消费需求研究中，可视同为传统的多元回归模型。

引力模型也可用于研究旅游消费空间扩散。空间扩散和区域相互作用的研究最初由美国学者赖利于1931年展开，此后空间扩散与区域相互作用理论进一步发展。20世纪60年代，弗里德曼提出核心—边缘理论，哈格特提出"对流、传导和辐射"的空间扩散模式，缪尔达尔提出回流效应和扩散效应理论，佩鲁、赫希曼、鲍得威尔、汉森提出及补充增长极理论等，为区域扩散理论奠定了坚实基础（彭震伟，1998）。国外关于旅游消费扩散的研究主要探讨旅游能量的扩散问题（Maureen，1997）、休闲旅游消费规律（Sirgy，2010）、旅游消费的测定问题（Smith，1970；Britton，1971）以及旅游消费的空间扩散趋势（Wolfe，1966）。

国内学者也在空间维度上对旅游流扩散展开了广泛研究：利用吸引力和

驱动力模型研究了旅游消费的区域分布特征（马耀峰和李天顺，1999）；分析了旅游流的空间场效应（林岚等，2007），空间流动趋势（刘静艳等，2001；黄泰，2006），空间扩散方向、路径、作用（杨国良等，2008；刘宏盈和马耀峰，2008；卞显红和沙润，2007）；对旅游流空间转移与省域旅游经济联系强度的关系进行了耦合分析（刘宏盈和马耀峰，2008）。

有关区域旅游经济联系的定量模型上，国内学者做了较多的研究（刘承良等，2007；卞显红和沙润，2007；刘宏盈和马耀峰，2008；吴国清，2009），如采用类比物理学万有引力定律的公式来计算长江三角洲地区城市间的经济联系强度等（王德忠和庄仁兴，1996）。

四、距离衰减函数及曲线应用

距离衰减函数的形式多样，估算距离衰减系数也有多种方法，每种距离衰减系数的估算方法都有不同的适用条件、范围，在实际应用中需要具体问题具体分析，选择合适的方法。早期，Carey（1867）在研究空间交互作用时，以幂律形式的距离衰减函数展开研究，但由于缺乏严谨的理论证明以及量纲问题，研究结果受到质疑。之后，幂律形式通过中心地理论得到了验证（Colwell，1996），通过修改最大熵模型推导过程中的距离成本假设，也得到了相似结果（陈彦光，2009）。目前，距离衰减系数较常见的估算方法有线性模型法和代数法，经典的有蒙特卡洛模拟法和空模型法，粒子群优化算法所依据的负幂律衰减也为逆重力模型的求解提供了新的思路（刘瑜等，2014）。然而，上述工作仍未得到广泛认可，这从侧面也表明了地理现象的复杂性以及建立普适模型的难度。

1972年，沃尔夫对引力模型进行调整，引进了一个距离函数，并据此反映实际所观测到的旅游行为。1976年，爱德华兹和丹尼斯提出了另一个距离

函数,见式(2.6):

$$C_{ij} = \left[\frac{(X_1)(X_2)(X_3) + (X_4)}{X_5} \right] X_6 \tag{2.6}$$

式中,C_{ij} 表示从 i 地到 j 地的旅行费用;X_1 表示每升汽油的费用;X_2 表示每千米消耗的汽油;X_3 表示每小时平均行车里程;X_4 表示每小时闲暇时间的价值(定义为每小时工资的 25%);X_5 表示每辆汽车的平均载客量;X_6 表示旅行时间。在具体研究实践中,距离可以采用不同的单位度量,如绝对地理距离、旅行成本、旅行时间等。尽管距离衰减函数的形式不尽相同,但是其函数值通常都随着距离的增加而减小。目前较常用的距离衰减函数包括指数函数、幂函数及高斯函数(周一星,1995;Haggett et al.,1977;Wang,2012),即"指数型"距离衰减函数、"幂律型"距离衰减函数、"高斯型"距离衰减函数。研究领域和应用环境不同,所应用的距离衰减函数也应不同。

距离衰减曲线在不同系统和角度中呈现的结果不同。距离衰减规律是地理学的基本规律(胡兆量;1991),也适合解释区域旅游在空间结构上的表现(吴晋峰和包浩生,2005;余凤龙等,2005;卞显红和沙润,2007;史春云等,2007),但具有不同空间结构的旅游系统所对应的旅游流的距离衰减曲线存在差异。目前,旅游流的距离衰减曲线呈高斯分布型和指数分布型两种基本类型,由旅游系统空间结构的类型所决定(吴晋峰和包浩生;2005)。此处的旅游流,指的是游客在旅游空间场内的迁移现象。在狭义上,旅游流指客流;在广义上,旅游流包括游憩流,以及与此相关或伴生的关联流,例如信息流、资本流、技术流、货物流等。通过对具体旅游对象的研究,学者们发现旅游流和距离呈"U"形曲线(章锦河等,2005),或倒"U"形曲线(陆林,1996)等。近年来,学者们从多个角度对"距离衰减"问题进行了研究。Duffus 等(1987)、Niedercorn 和 Ammari(1987)、Mayo 等(1988)、Black(1973)等运用引力模型,以驱车游为研究对象,引入感知距离、实际距离、旅行费用变量，提出了距离衰减规律。此后，相关学者通过拓展旅游距离因素，在空间距离之外引入时间距离（Magar，2014）、费用距离（白凯等，2008），或者以成本加权距离取代空间直线距离（吴茵等，2006；邱岳等，2011），并绘制旅游距离衰减曲线，对旅游距离衰减现象进行演绎研究（吴晋峰和包浩生，2005）。李彦丽和路紫（2006）提出了虚拟距离衡量法，张捷等（1999）对九寨沟游客的入境旅游距离特征进行了统计描述，揭示了距离感知的衰减特征，通过感知距离印证了心理学感知理论中的韦伯定律。方大春和孙明月（2015）得出距离核心城市越近，其受城市辐射的强度就越大。概括来说，学者从不同角度出发，将旅游距离因素划分为空间距离、时间距离、政治距离、费用距离、权力距离、感知距离和文化距离等。

五、文献述评

当前的研究大多将研究区域作为一个"密闭"区域对待，忽视了区域内外的相互影响与联系，这与实际不相符；有些研究者通常将区域内次级区域或基本研究单元"节点"化，进而探讨区域空间差异的动态演化过程，这在一定程度上背离了"区域"这一空间概念；现有研究多采用传统的数量统计模型，缺乏对空间技术的应用，尤其是可视化水平尚待提高（栾福明等，2013）。有学者在借鉴已有的空间场相关研究成果的基础上，将场理论与旅游空间相结合，借助空间梯度等理论方法，以游客密度为旅游场强变量，利用GIS空间分析技术对区域旅游空间差异及其演化特性进行分析，提出旅游场强随着距离的增加而呈现显著的衰减特征，区域旅游场极化、扩散作用并存，但扩散程度仍有待提高（张爱平等，2015）。然而，该研究仅以游客密度为评价旅游场强的指标变量，忽略了现实社会中旅游吸引物的空间分布、旅游交通便捷性等距离、区位因素对旅游场强空间分异性的影响，因此，后续研究应选取更恰当的指标变量进行旅游场分析及空间模拟分析。

虽然目前有关休闲农业的研究运用了点—轴理论、核心—边缘理论，但主要仍从地理学、旅游学的视角来研究旅游地的空间结构，很少以消费需求供给为视角研究休闲农业的消费场强。关于休闲农业消费，学者们认为它和人口总量、年龄结构、社会保障制度、收入、教育水平、社会经济状况相关，但涉及地理因素，在不同研究领域和应用环境中通过不同度量指标呈现距离衰减函数的变形，这将使该度量指标的普适性受到质疑。关于旅游空间扩散，学者们重点关注空间旅游流的流动特征和空间场效应，对旅游辐射效应与经济发展水平、人均收入的关系则较少关注。

另外，对距离要素的研究上，学者多是对单一距离或者两个距离进行研究，缺乏对多种距离指标的加权研究。虽然采用高汝熹和罗明义（1998）的"通勤距离修正权数"方法能够修正权数，但其所讨论的从出发地到目的地的交通工具组合太过宽泛，飞机、高铁、火车、汽车等交通工具的组合方式使远距离旅游成为可能，然而本书的研究对象是休闲农业，其消费者基本来源于休闲农业旅游项目所在城市及周边城市，从城市市区到郊区不存在乘坐飞机的情况，使用火车的概率也不大，也较少使用高铁，因此高汝熹的交通工具组合方式并不适用于本书。大多数有关休闲农业的研究都基于引力模型和潜力模型利用几何中心点之间的直线距离讨论休闲农业的市场潜力，但该几何中心点与旅游中心点未必能重合，这可能会使研究产生一定误差。

因此，基于上述文献综述，本书主要关注以下问题：对各个衡量旅游中心到客源地的距离的指标进行计算、对比，并剖析内在关系，为旅游业及区域经济的发展提供科学依据。

第三章　城市居民潜在休闲农业消费能力分析

城市居民对休闲农业的消费能力在某种程度上表征着城市郊区潜在的消费场强，城市消费能力的大小表征着某地区潜在的消费场强的体量，研究休闲农业消费场强，先要了解休闲农业的消费现状与特征，找出提升城市郊区休闲农业消费能力的主要因素。基于此，本章先讨论休闲农业发展的状况，然后论证影响城市居民休闲农业消费能力的因素，这为后文模拟城市郊区的消费场强做了铺垫。

第一节　休闲农业发展现状

一、休闲农业发展特点及政策支持情况

休闲农业是利用农业景观资源和农业生产条件，发展观光、休闲、旅游

的一种新型农业生产经营形态，是一种可以深度开发农业资源，调整农业结构、改善农业环境、增加农民收入的新途径。休闲农业是旅游业和农业的结合体，具有旅游业的特点，但同时又区别于旅游业，是在依靠土地资源及自然地貌景观的基础上发展而来的一种特殊的旅游业。在休闲农业景区内，游客可以观赏、采摘、体验农民生活、享受乡土情趣。整体来说，休闲农业具有如下特点：

（1）观赏娱乐性。休闲农业作为一种特殊的旅游业，具有旅游业观赏娱乐的特征，游客可以观赏农村特有的地理环境与自然风情，通过一些娱乐项目感受多姿多彩的农村生活。

（2）参与体验性。一些从小生活在城市的居民对农业生产知之甚少，对农村生活充满好奇，休闲农业中的一些体验项目可以让游客参与到农业生产中，体验农业习作的乐趣，获取更多农业知识。

（3）市场细分性。休闲农业主要的客源是不熟悉农业生产和农村生活的城市居民，其项目设置主要是针对这一市场提供相应的服务。

（4）文化与生态性。休闲农业具有强烈的地域差异性，不同地区的文化与民俗风情差异较大。随着我国经济快速发展以及人与自然的矛盾日益突出，保护环境显得日益重要，"金山银山不如绿水青山"。休闲农业项目的开发有助于地理环境及地理风貌的保护，有助于生态系统的良性循环。

（5）季节性。科技的发展减弱了农业生产对自然环境的依赖，但气候、季节等自然条件对农业生产进程的影响依然存在，不同城市周边地区不同季节的农业生产条件差异较大，依托农业资源发展的休闲农业具有强烈的季节性特征。

发展休闲农业既有助于发展农村经济，又有助于改善农村生态环境与文化环境，所以越来越受到国家的重视。近年来，国家层面出台了多个文件来保障休闲农业的发展（见表3-1）。随着经济快速发展，旅游业也突飞猛进，各级政府都为推动休闲农业与乡村旅游的发展做出了巨大的努力，致力于为人民提供一个安心舒适的生活环境，使其在工作之余能感受到幸福和快乐。

表3-1　休闲农业的相关政策文件

序号	年份	具体事件
1	2000	《关于进一步发展假日旅游的若干意见》中明确了"黄金周"，并指出"要积极发展城市郊区和重点景区周围的农业旅游、森林旅游和度假休闲旅游"
2	2005	公布全国首批农业旅游示范点
3	2006	国家旅游局发布了《关于促进农村旅游发展的指导意见》，并提出发展农村旅游的工作目标与工作重点，提出要拓展和深化观光型的农村旅游，保护性挖掘民俗民族文化型农村旅游，逐步推进旅游型小城镇建设等
4	2007	国家旅游局围绕"中国和谐城乡游"主题，正式启动乡村旅游"百千万工程"，在全国推出100个特色县、1000个特色乡、10000个特色村
5	2009	国家旅游局公布《全国乡村旅游发展纲要（2009-2015年）（征求意见稿）》，系统地提出了发展乡村旅游的指导思想、基本原则、发展方向、主要任务和保障措施，乡村旅游进入一个全面发展的时期
6	2010	《中共中央　国务院关于加大统筹城乡发展力度进一步夯实农业农村发展基础的若干意见》明确提出"积极发展休闲农业、乡村旅游、森林旅游和农村服务业，拓展农村非农就业空间"
7	2014	国务院出台《关于促进旅游业改革发展的若干意见》，强调要大力发展乡村旅游，推动旅游产品向观光、休闲、度假并重转变，乡村旅游也进入转型升级、提质增效为主线的快速发展轨道
8	2015	中央一号文件提出推进农村一二三产业融合发展，挖掘乡村生态休闲、旅游观光、文化教育价值
9	2016	中央一号文件再次提出大力发展休闲农业和乡村旅游；出台《全国农业现代化规划（2016—2020年）》
10	2017	中央一号文件明确指出，要大力发展乡村休闲旅游产业，培育宜居宜业特色村镇
11	2021	国务院印发《"十四五"推进农业农村现代化规划》提出优化乡村休闲旅游业，依托田园风光、绿水青山、村落建筑、乡土文化、民俗风情等资源优势，建设一批休闲农业重点县、休闲农业精品园区和乡村旅游重点村镇；推动农业与旅游、教育、康养等产业融合，发展田园养生、研学科普、农耕体验、休闲垂钓、民宿康养等休闲农业新业态，并明确提出要实施休闲农业和乡村旅游精品工程

与此同时，城郊休闲农业受到旅游者的青睐，消费增长明显。农业农村部的数据显示，2019 年全国休闲农庄、观光农园等各类休闲农业经营主体达到 30 多万家，乡村休闲旅游营业收入超过 8500 亿元。2010 年到 2019 年，我国休闲农业占城镇居民国内旅游消费比重从 12.76% 增加至 17.89%，增加了 5.13 个百分点①。综合来看，我国休闲农业的发展得益于以下几个方面：

　　首先，国内旅游发展形势乐观。国家统计局统计数据显示，2003 年到 2019 年我国城镇居民人均可支配收入从 8472.2 元提高到 42358.8 元（见图 3-1）。从市场需求方面来看，旅游市场发展潜力较大。近年来，我国国内旅游人次呈现不断增长的趋势，2010 年我国国内旅游出游花费为 12600 亿元，2019 年增加至 57300 亿元，是 2010 年的 4.5 倍多。居民收入水平的提高与旅游需求的增长为休闲农业的发展提供了良好契机。

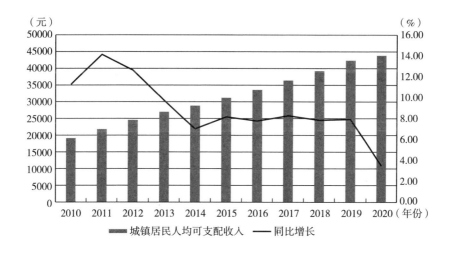

图 3-1　2010~2020 年我国城镇居民人均可支配收入变化

---

　　①　资料来源于《中国休闲农业年鉴 2020》。

其次，城市居民对乡村田园生活的兴趣日益增强，城市资源辐射到农村，促进了休闲农业的发展。

最后，政府的支持。党的十九届六中全会提出，要深入实施乡村振兴战略，全面提升农村人居环境质量，加快推进农业农村现代化。2021年，《"十四五"推进农业农村现代化规划》明确提出优化乡村休闲旅游业，实施休闲农业和乡村旅游精品工程。这些政策在城镇化背景下，有利于培育国内消费新增长点，是实现城乡经济社会发展一体化的重要举措，给休闲农业发展带来了强劲动力。

二、休闲农业市场概况

休闲农业在全球范围内发展迅速（Fabio et al.，2015）。休闲农业具有促进经济发展多样化、优化基础设施建设（Bernar et al.，2004）、带动涉农相关企业发展、促进农民增收、丰富地方旅游资源、拓展农业功能以及促进乡村自然生态、民族、文化资源的可持续发展等作用（Daniel，Adriana and Nicolae，Alina，2015），这个产业得到众多关注，展现出巨大增长潜力（Carla Barbieri and Christine Tew，2009）。近些年来，随着消费结构升级，城乡居民对休闲旅游、健康养生等的需求增加，适应这一新趋势，全国各地以创新的思路发掘农业多种功能和乡村多重价值，推动休闲农业和乡村旅游蓬勃发展，为乡村振兴注入新动能。休闲农业是实现城乡协调发展的一个重要桥梁，休闲农业的发展需要游客不仅要有休闲时光，还需要有一定的经济实力支撑消费，这些也依赖于人均可支配收入等因素（Wilson et al.，2001）。

自20世纪70年代末以来，中国城镇化建设不断推进，休闲农业也取得了可喜的成绩。农业农村部的数据显示，截至2019年底，休闲农业与乡村旅游经营单位超过290万家，全国休闲农庄、观光农园等各类休闲农业经营主体达到 30 多万家，7300 多家农民合作社进军休闲农业和乡村旅游。中国旅游协会休闲农业与乡村旅游分会 2019 年共认定 129 家星级企业（园区），截至 2020 年 11 月，我国共有国家级休闲农业与乡村旅游示范县 389 个，国家级休闲旅游和乡村旅游示范点 641 个[①]。有研究认为在未发生特殊情况（战争、瘟疫、自然灾害等不可抗力因素）时，休闲农业的消费增长趋势将继续维持（Carpio and Boonsaeng，2008；Che et al.，2005；Cordell et al.，2004；Nilsson，2002）。

在新冠肺炎疫情暴发之前，我国国内旅游人次、城镇居民国内旅游总人次均呈现增长的态势，休闲农业年接待游客人数也呈现平稳上升的趋势（见表 3-2）。前两者的同比增长比例接近，而休闲农业年接待游客人数的增幅较前两者更为明显。然而，受新冠肺炎疫情的影响，2020 年国内旅游 28.79 亿人次，比 2019 年同期减少 30.27 亿人次，下降 52.1%（见表 3-2）。如果分季度来看，2020 年全民出游人次呈现明显的由低往高、降幅收窄的走向和趋势，这与疫情防控形势逐渐好转密切相关。休闲农业受新冠肺炎疫情影响，2020 年游客人数较以往年份呈明显下滑趋势（见图 3-2）。

表 3-2　2008~2020 年我国国内旅游游客人数变动情况

年份	国内旅游人次（亿人次）	国内旅游人次同比增长率（%）	城镇居民国内旅游人次（亿人次）	城镇居民国内旅游人次同比增长率（%）	休闲农业年接待游客人数（亿人次）	休闲农业年接待游客人数同比增长率（%）
2008	17.12	6.3	7.03	—	—	—
2009	19.02	11.1	9.03	28.4	—	—
2010	21.03	10.6	10.65	17.9	4	—
2011	26.41	25.6	16.87	58.4	7.2	80
2012	29.57	12.0	19.33	14.6	8	11.1

---

① 资料来源于前瞻产业研究院的《中国休闲农业和乡村旅游行业市场现状及发展前景》。

续表

年份	国内旅游人次（亿人次）	国内旅游人次同比增长率（%）	城镇居民国内旅游人次（亿人次）	城镇居民国内旅游人次同比增长率（%）	休闲农业年接待游客人数（亿人次）	休闲农业年接待游客人数同比增长率（%）
2013	32.62	10.3	21.86	13.1	9	12.5
2014	36.11	10.7	24.83	13.6	16	77.8
2015	39.90	10.5	28.02	12.8	22	37.5
2016	44.35	11.2	31.96	14.1	21	−4.5
2017	50.01	12.8	36.77	15.1	22	4.8
2018	55.39	10.8	41.19	12.0	30	36.4
2019	60.06	8.4	44.71	8.5	32	6.7
2020	28.79	−52.1	20.65	−53.8	12.07①	—

资料来源：根据历年的《中国旅游统计年鉴》《中国文化文物和旅游统计年鉴》《中国第三产业统计年鉴》《中国乡镇企业及农产品加工业年鉴》及相关政府网站等。

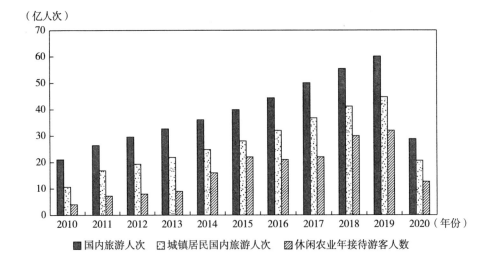

（亿人次）

■国内旅游人次　⋮城镇居民国内旅游人次　▨休闲农业年接待游客人数

图 3-2　2010~2020 年我国国内旅游游客人数变动情况

资料来源：根据历年的《中国旅游统计年鉴》《中国文化文物和旅游统计年鉴》《中国第三产业统计年鉴》《中国乡镇企业及农产品加工业年鉴》及相关政府网站等。

① 2020 年全国休闲农业年接待游客人数为 2020 年 1~8 月的总接待游客人数。

2010~2019 年，我国国内旅游收入及城镇居民国内旅游花费逐年增长，增长幅度略有波动（见表 3-3、图 3-3）。《世界旅游经济趋势报告（2022）》显示，受全球新冠肺炎疫情影响，2021 年全球旅游总收入相当于全球 GDP 的比例从 2020 年之前的 6.5%~7% 降至 3.8%。我国的旅游形势也不容乐观，2020 年国内旅游收入 22286.0 亿元，较 2019 年减少 34964.92 亿元，下降 61.1%，城镇居民国内旅游花费 17970.65 亿元，较 2019 年下降 62.2%。

表 3-3　2008~2020 年我国国内旅游消费情况

年份	国内旅游		城镇居民国内旅游		休闲农业	
	总花费/收入（亿元）	收入同比增长率（%）	花费（亿元）	花费同比增长率（%）	营业收入（亿元）	营业收入同比增长率（%）
2008	8749.30	12.6	5971.75	—	—	—
2009	10183.69	16.4	6755.26	13.1	806.7	—
2010	12579.77	23.5	9403.81	39.2	1200	48.8
2011	19305.39	53.5	14808.61	57.5	2160	80.0
2012	22706.22	17.6	17678.03	19.4	2400	11.1
2013	26276.12	15.7	20692.59	17.1	2700	12.5
2014	30311.86	15.4	24219.76	17.0	3700	37.0
2015	34195.05	12.8	27610.90	14.0	4400	18.9
2016	39389.82	15.2	32241.95	16.8	5700	29.5
2017	45660.77	15.9	37673.03	16.8	6200	8.8
2018	51278.29	12.3	42589.99	13.1	8000	29.0
2019	57250.92	11.6	47508.99	11.5	8500	6.3
2020	22286.00	-61.1	17970.65	-62.2	6000	-29.4

资料来源：根据历年的《中国旅游统计年鉴》《中国文化文物和旅游统计年鉴》《中国第三产业统计年鉴》《中国乡镇企业及农产品加工业年鉴》及相关政府网站等。

由表 3-3 可知，2019 年我国休闲农业营业收入为 8500 亿元，约是 2009 年的 10.5 倍、2010 年的 7 倍。虽然受新冠肺炎疫情冲击，2020 年全国休闲农

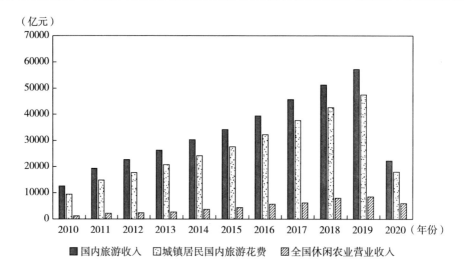

（亿元）

国内旅游收入　　□城镇居民国内旅游花费　　全国休闲农业营业收入

图 3-3　2010~2020 年我国国内旅游消费变动情况

资料来源：根据历年的《中国旅游统计年鉴》《中国文化文物和旅游统计年鉴》《中国第三产业统计年鉴》《中国乡镇企业及农产品加工业年鉴》及相关政府网站等。

业营业收入 6000 亿元，较 2019 年下降 29.4%，但 2020 年休闲农业的营业收入占城镇居民国内旅游花费的比重从 2009 年的 11.94% 平稳上升到 2020 年的 33.39%，占国内旅游收入的比重也呈上升趋势（见表 3-4）。由此可见，快速发展的休闲农业有效提高了农业效益，带动了农民增收，2019 年全国休闲农业和乡村旅游从业人员 1200 万，带动 800 多万户农民受益。

表 3-4　2009~2020 年我国休闲农业营业收入占国内旅游收入和城镇居民国内旅游花费的比重

年份	休闲农业营业收入（亿元）	占国内旅游收入比重（%）	占城镇居民国内旅游花费比重（%）
2009	806.7	7.92	11.94
2010	1200	9.54	12.76
2011	2160	11.19	14.59

续表

年份	休闲农业营业收入 （亿元）	占国内旅游收入 比重（%）	占城镇居民国内旅游 花费比重（%）
2012	2400	10.57	13.58
2013	2700	10.28	13.05
2014	3700	12.21	15.28
2015	4400	12.87	15.94
2016	5700	14.47	17.68
2017	6200	13.58	16.46
2018	8000	15.6	18.78
2019	8500	14.85	17.89
2020	6000	26.92	33.39

资料来源：笔者根据统计年鉴等相关资料计算整理得到。

纵观2010~2020年全国休闲农业年接待游客人数，占国内旅游人次、城镇居民国内旅游人次的比重整体呈上升趋势。截至2019年，全国休闲农业接待游客人数占国内旅游人次的比重达到53.28%，占城镇居民国内旅游人次的比重达到71.57%（见表3-5）。

表3-5 2010~2020年我国休闲农业接待游客人数占国内旅游人次和
城镇居民国内旅游人次的比重

年份	休闲农业年接待游客 人数（亿人次）	占国内旅游人次的 比重（%）	占城镇居民国内旅游人次的 比重（%）
2010	4	19.02	37.56
2011	7.2	27.26	42.68
2012	8	27.05	41.39
2013	9	27.59	41.17
2014	16	44.31	64.44
2015	22	55.14	78.52
2016	21	47.35	65.71
2017	22	43.99	59.83

年份	休闲农业年接待游客人数（亿人次）	占国内旅游人次的比重（%）	占城镇居民国内旅游人次的比重（%）
2018	30	54.16	72.83
2019	32	53.28	71.57
2020	12.07①	—	—

资料来源：笔者根据统计年鉴等相关资料计算整理得到。

由表3-6可知，2010~2019年城镇居民的人均可支配收入逐年增加，人均旅游花费也逐年增长，人均旅游花费占人均可支配收入的比重逐年下降。然而，值得关注的是，我国城镇居民对休闲农业的支出占可支配收入的比重整体上在增长，2019年我国城镇居民对休闲农业的支出占可支配收入的比重已达2.37%。由此是否可以断定，我国的休闲农业市场远未达到饱和？本章后续将提出实证分析依据，以期对相关部门的投资决策提供参考，从而推动我国休闲农业健康可持续发展。

表3-6　2010~2020年我国城镇居民收入水平及旅游花费情况

年份	城镇居民人均旅游花费（元）	城镇居民人均可支配收入（元）	城镇居民人均旅游花费占人均可支配收入比重（%）	城镇居民对休闲农业的支出占人均可支配收入比重（%）
2010	883	19109.4	4.62	0.94
2011	877.8	21809.8	4.02	1.43
2012	914.5	24564.7	3.72	1.37
2013	946.6	26955.1	3.51	1.37
2014	975.4	29381.0	3.32	1.68
2015	985.5	31194.8	3.16	1.83
2016	1009.1	33616.2	3.00	2.14
2017	1024.56	36396.2	2.82	2.09

---

① 2020年全国休闲农业年接待游客人数为2020年1~8月的总接待游客人数。

续表

年份	城镇居民人均旅游花费（元）	城镇居民人均可支配收入（元）	城镇居民人均旅游花费占人均可支配收入比重（%）	城镇居民对休闲农业的支出占人均可支配收入比重（%）
2018	1033.99	39250.8	2.63	2.45
2019	1062.64	42358.8	2.51	2.37
2020	870.25	43834.0	1.99	——

资料来源：根据历年的《中国旅游业统计公报》《中国旅游统计年鉴》《中国乡镇企业及农产品加工业年鉴》《中国城市统计年鉴》整理得到。

三、休闲农业区域发展特征

上文主要阐述休闲农业总体的情况，细化到不同区域，又呈现出不同的特点。从休闲农业的发展布局上看，我国的休闲农业资源在空间分布上具有不均衡性，受国内生产总值、公路密度、A 级景区数量以及农林牧渔业发展状况的影响（任开荣和董继刚，2016）。目前，我国的休闲农业项目主要分布在自然资源丰富或者经济较发达区域的郊区，四川、江苏、广东、浙江、山东等省份休闲农业的发展成果突出。

2019 年，作为"中国农家乐旅游发源地"的四川省，其休闲农业与乡村旅游经营主体达 44235 个，综合经营性收入为 1605 亿元，其中，休闲农业经营主体的营业收入为 621.7 亿元，带动 116 万户农民就业增收，接待乡村休闲旅游 4.4 亿人次。四川省已打造农业主题公园 600 多个，其中培育省级示范公园 127 个，建成美丽休闲乡村 1700 多个，发展省级示范休闲农庄 300 个①。2019 年，江苏省休闲农业持续快速发展，休闲观光与乡村旅游年接待旅游量突破 2.3 亿人次，综合收入超过 680 亿元。其中，仅在南京近郊，就已形成一系列点面相连的休闲农业产业集群，集聚了数百家休闲农业景点，包括农家乐村、主题农园、特色农庄等多种形式。截至 2019 年底，江苏具有

---

① 资料来源于《中国休闲农业年鉴 2020》中的四川省概况。

一定规模的休闲观光农业园区景点（包括农家乐）增至 1 万个以上，同比增长 27.1%，培育建设了 139 个市级休闲农业精品村、110 个江苏省休闲农业精品村和 107 个江苏省级主题创意农园，建设了 9 个中国美丽休闲乡村和 62 个全国休闲农业与乡村旅游精品企业（园区）。2019 年，江苏休闲农业从业人员 107 万人，带动农民就业 98.2 万人①。2019 年，广东省休闲农业经营主体共有 6795 个，营业收入为 168.52 亿元，接待乡村休闲旅游 1.35 亿人次，共带动农户 33.82 万户，已累计创建 10 个全国休闲农业示范县（区）、19 个示范点以及 24 个中国美丽休闲乡村，并拥有 137 个省级休闲农业与乡村旅游示范镇和 347 个示范点②。2019 年，浙江省接待了 8.16 亿人次休闲农业游客，休闲农业营业收入达 475.4 亿元，带动 35.5 万农民就业。截至 2019 年，浙江累计创建了 58 个省级休闲乡村、392 个省级农家乐集聚村、54 个省级现代农业园区、113 个省级特色农业强镇、110 条休闲农业和乡村旅游精品线路，以及推荐了 100 个"最美田园"③。2019 年，山东省休闲农业占地面积 347.51 万亩，年接待休闲农业游客 3.75 亿人次，休闲农业利润总额 145.16 亿元，其中休闲农业经营主体 1.62 万个，相关从业人员 105.11 万人，受益农户 70.65 万户④。以上仅为我国部分典型省份的乡村休闲旅游发展情况。

尽管如此，客源不足、消费能力不够仍是休闲农业园区目前普遍面临的一个问题。这一方面与休闲农业自身的发展水平有关，另一方面与城镇居民对休闲农业的认知度和认可度有关，虽然我国休闲农业的市场潜力巨大，但仍然面临着有效需求不足的问题。

从我国休闲农业项目的布局上看，我国的休闲农业项目主要分布在北京、

---

① 资料来源于《中国休闲农业年鉴 2020》中的江苏省概况。
② 资料来源于《中国休闲农业年鉴 2020》中的广东省概况。
③ 资料来源于《中国休闲农业年鉴 2020》中的浙江省概况。
④ 资料来源于《中国休闲农业年鉴 2020》中的山东省概况。

上海、深圳、广州、南京、杭州等经济发达城市的郊区，一些著名景区周围的休闲农业也颇有起色，这种空间布局特征称为"毗邻资源模式"，即借助与相邻名胜地的引力优势所开发的多样客源的城乡居民旅游，北京郊区的一些"民俗村"就是依靠这种模式发展起来的。这种模式又包含两种情况：依托特色村寨或民居群落；依托著名自然景观或历史文化景观。此外，一些能提供差异化、个性化旅游产品的农业区也发展起了休闲农业，吸引了大量游客前往观光旅游。

从我国国家层面上看，休闲农业园区主要分布在 13 个集聚带（区）上，分别是东北平原区、京津地区、黄河中下游平原带、长江中下游平原区、关中平原地区、宁夏平原地区、湟水谷地地区、乌鲁木齐地区、四川盆地区、乌江流域区、闽南丘陵平原区、珠江三角洲地区、海南外围环岛地区。2010～2016 年，农业部和国家旅游局联合创建了七批全国休闲农业示范县、示范点，共 967 个。其中，示范点数量最多的是浙江省，其后依次是山东省、新疆维吾尔自治区、江苏省、辽宁省、福建省、四川省等，相对较少的为海南省和西藏自治区（见图 3-4）。

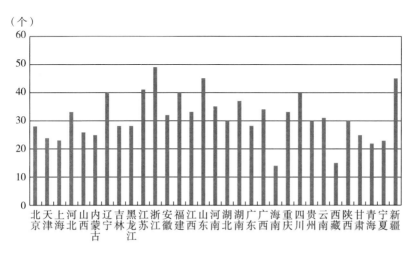

图 3-4　2010～2016 年我国休闲农业示范县、示范点累计空间分布

休闲农业的高速发展为现代农业建设提供了新的活力，现已成为现代旅游业的重要组成部分，成为我国国民经济重要的新型产业。休闲农业在各地先后形成了农家乐、休闲农庄、休闲农业园区和民俗村等形式多样、功能多元、特色各异的发展模式，农业的多功能性得到极大拓展，为建设现代农业、促进农民创业增收提供了新途径。目前，休闲农业的发展方式已从农民自发发展转变为各级政府规划引导，经营规模从零星分布、分散经营向集群分布、集约经营转变，功能定位从单一功能向休闲教育体验等多功能一体化转变，空间布局从景区周边和城市郊区向更多的适宜发展区域延伸，经营方式也从农户经营为主向农民合作组织和社会资本共同投资经营转变。各地在发展过程中，围绕高、特、优、新、奇，努力打造休闲农业知名品牌，由此发展形成了北京大兴的西瓜节、上海的崇明岛前卫村等一批知名品牌。

四、休闲农业项目存在的问题

近十年来，以休闲农业与乡村旅游为主题的"乡村酒店""农家旅馆""开心农庄"等乡村旅游新业态得到不断发展。尽管如此，当前乡村休闲农业发展仍然存在着一些突出问题，如休闲农业园区建设的城市化、开发的盲目性、乡村旅游市场竞争恶性化等问题日益突出，迫切需要进行研究。

（1）休闲农业项目缺乏系统性。从总体上看，目前国内休闲农业缺乏专业的系统规划，较多休闲农业园区没有进行专业的规划，缺乏系统思维，即使是一些已经进行规划的地区，在具体执行上也存在偏差。同时，农业园区发展的功能取向通常与领导个人的偏好和意志有较强的关联性，而不同的领导通常具有不同的偏好，因此容易引起规划的错位，缺乏前瞻性。在旅游规划上，往往只就旅游抓旅游，没有形成产业支撑，只重视休闲农业单一的观光功能，简单追求景观营造，而忽略产业的培育升级，导致农业园区功能单一。比如赏花，花期一过就是漫长的淡季，资金投入的效益太低。此外，为了推动休闲农业的发展，许多地方政府投资兴建了一批休闲农业项目，但这些项目在内容设计、区位选择、经营管理上均存在诸多难题，结果导致项目的示范效应较差。而且，这种单纯依靠政府财政投入的项目很难确保长期可持续发展的动力。

（2）休闲农业项目缺乏科学规划。国内休闲农业整体上缺乏科学规划，开发农业旅游资源时很多地区未充分认识到规划的重要性。绝大部分投资者并未对市场进行细致、缜密、有效的论证，整体规划工作有所欠缺，造成投资决策的随意性和开发的盲目性。宏观规划及市场定位有待进一步完善，资源浪费现象较突出，布局不够合理，效益低下，后期产业经营困难，这些都不利于产业建设与深度开发。简单模仿城市小区建设，忽略对现有农舍的充分利用，看重建设现代化的休闲娱乐实施，存在简单将城市服务设施搬到农村的问题，破坏了乡村原始的生态环境。

（3）休闲农业项目片面追求城市化，特色不明显，文化内涵不足。休闲农业项目城市化面貌突出，单纯模仿现象比较突出。目前在实际操作中，基层对于休闲农业的理解还不够深入，相当一部分人认为休闲农业园区就是农村城市化，就是将农村变成城市，让高楼大厦代替低矮平房，让水泥道路代替泥泞小路。项目地域文化特色不突出，旅游产品同质性严重。无论是经营方式还是经验内容均存在雷同，游乐项目、农家乐菜肴、旅游纪念品等相差无几。从基层调研得出，目前乡村旅游的建筑风格、娱乐项目、餐饮菜肴相对单一，内容大同小异。旅游内容文化内涵不足，大多停留在对自然资源的挖掘上，对本土乡村文化传统和民风民俗资源的开发不够深入，文化休闲项目欠缺，缺乏活力和持久生命力。注重人造景观，放弃了原有农田、房屋、农业生产活动等农村生产生活基本内容，取而代之的是在景区内建造游乐场、网吧、喷泉等人造现代景观，简单模仿城市现有娱乐设施，掩盖了景区内原有的乡土气息，致使原有的乡土气息荡然无存，原有错落有致的农舍逐渐被现代化的城市小区所取代。这种单纯模仿的现象频繁且突出，影响了乡村休闲旅游产业的特色高质量发展。

（4）乡村休闲农业项目运营有待提高。其一，很多乡村休闲农业项目活动策划不够灵活，互动性不强。乡村旅游之所以吸引城市居民，一个重要原因就是乡村旅游的可参与性，但在实际调研中，目前大部分还是以景观欣赏为主要方式的初始状态，真正能够让游客体验的项目还有待加强。其二，乡村休闲农业项目管理还不够规范，缺乏专业管理人才，总体效益不高。缺少完善的规章制度和规范的全局管理。经营休闲农业项目的多数是当地土生土长的农民，他们大多没有接受过专门的经营技能培训，缺乏相关专业知识，整体接待和服务程序不规范、水平低，难以满足市场的更高要求。甚至有部分经营者追逐眼前利益，缺乏长远发展观念。其三，宣传力度不够，也不太到位。除一些依附旅游景点或大型休闲农业旅游点的休闲农业项目有一定知名度外，绝大多数农业旅游景点处于无人问津状态。休闲农业项目大多由农户独立经营，由于缺乏足够的资金投入，加上自身管理水平偏低，品牌意识淡薄，不注重宣传推广，大多依靠一些社会组织宣传或口口相传，知名度难以提升，导致一些拥有较好资源的休闲农业发展缓慢。

第二节　城市居民休闲农业消费
能力的影响因素分析

一、模型设计

根据消费场强理论，休闲农业消费场强的大小和城市的质量休戚相关，而城市的质量主要通过城市居民对休闲农业的消费能力来体现。为了研究休闲农业的消费场强，本节对影响城市居民休闲农业消费能力的各因素间的相互关系做定量分析。

休闲农业兼具物质和精神双重消费功能，在满足了基本的物质需求之后，外出旅游成为城市居民的首要选择。因此，本节将我国城市居民作为研究对象，并假设他（她）们都是休闲农业的消费者或者潜在消费者，从而构造模型。由于本节所选取的既有时间序列数据，又有截面数据，因此拟建立面板数据模型，与单一使用截面数据或者时间序列数据相比，使用面板数据能使参数估计结果更有效、更客观，更能深入分析经济现象。同时，本节假设解释变量对被解释变量的影响是线性的，为了有效解释各变量间的显著性，本节拟采用对数形式表示被解释变量，以使回归系数的估算无偏和有效。基于此，拟构建模型如下：

$$\ln(\text{cons})_{it} = \alpha + \beta_1 \ln(\text{inc})_{it} + \beta_2 \ln(\text{pop})_{it} + \beta_3 X_{it} + T + \varepsilon_{it} \qquad (3.1)$$

式中，$i = 1, 2, 3, \cdots, 19$；$t = 1, 2, \cdots, 5$。本节所选用的样本对象是 $2010 \sim 2015$ 年 31 个省份（不含港澳台地区）的面板数据。据此，式（3.1）

中 ln（cons）$_{it}$ 表示 i 省份 t 年（本章所有变量的角标 i、角标 t 含义均与此相同）的城市居民对休闲农业的消费能力，inc 表示人均可支配收入，pop 表示人口数量，X 表示控制变量，本节中包含教育文化水平、私家车拥有量、参与养老保险人数、医疗保险收入，ε 是随机扰动项；β$_1$、β$_2$、β$_3$ 分别表示上述各个解释变量的系数。

根据截距项和变量参数的不同，面板数据模型可分为混合回归（Pooled OLS）模型、固定效应（Fixed Effects，FE）模型以及随机效应（Random Effects，RE）模型。其中，混合回归模型认为个体之间是同质的，而固定效应模型认为个体之间是有差异的，但该差异与解释变量无关；与此相对应地，随机效应模型虽然也认为个体之间具有差异性，但该差异与解释变量相关。本节分别通过 F 检验对混合回归模型和固定效应模型进行比较与选择，当拒绝原假设为混合回归模型时，认为固定效应模型较优越，反之亦然；基于豪斯曼检验（Hausman）选择固定效应模型或随机效应模型，当拒绝原假设为随机效应模型时，则固定效应模型更适合模型解释分析，反之亦然。就一个典型的面板数据模型而言，我们通常假定误差项在不同时段、不同个体间是独立同分布的。然而，对横截面独立的假定并不总是合适的，这正如我们很难说服他人关于各个国家级别的数据是截面不相关的一样（Brueckner，2003）。虽然固定效应模型和随机效应模型都能得到一致的估计值，但结果却是无效的，且 OLS 回归、怀特检验等方法也都失效。

此时，Driscoll 和 Kraay（2006）提出了渐近有效的非参数协方差矩阵估计方法，通过该方法可获得控制异方差和自相关的一致标准误，其对于时间和截面都是稳定的。本节中，考虑到我国各地区城市居民对休闲农业的消费可能受到一些共同因素的影响，从而使面板数据检验失效，因此，在执行 Pesaran CD 检验后，将采用 Driscoll-Kraay 的方法进行稳健性估计。

二、变量选择及数据来源

由于消费能力主要表现为消费支付能力，消费支付额以另一种方式转化为经营者的营业收入，所以本节选取各省份休闲农业经营主体的营业收入表示消费能力这一被解释变量。

关于解释变量，本节依据前文理论部分的阐述，选取城市居民人均实际可支配收入和城市居民人口数量。各变量的定义如表3-7所示。

表3-7　变量名称及解释

变量名称	变量含义	数据来源
消费能力	休闲农业消费额，取各省份休闲农业经营主体的营业收入	《中国乡镇企业及农产品加工业年鉴》《中国休闲农业统计年鉴》
人均可支配收入	采用平减处理过的各省份城市居民实际人均可支配收入	《中国统计年鉴》、万得数据库
人口数量	城市居民人口数＝城镇人口比重×各地区年末总人口	《中国统计年鉴》
教育文化水平	每万人在校大学生数量	《中国城市统计年鉴》
私家车拥有量	私人汽车拥有量	《中国统计年鉴》
参与养老保险人数	年末参加城镇职工基本养老保险人数	《中国统计年鉴》
医疗保险收入	医疗保险基金收入	《中国统计年鉴》

（1）人均可支配收入。该指标由城市居民人均可支配收入与城市人口规模的乘积表示。随着城镇化进程的加快，城市为休闲农业提供了丰富的客源市场和可靠的经济保障，而收入因素不仅影响了城市居民对休闲农业的消费能力，也影响了城市居民对休闲农业的消费意愿及消费需求。凯恩斯（1999）指出，当期实际收入是当期消费的主要决定因素。城市居民实际可支配收入的增加，将促使休闲农业的消费增加。由此，本节提出假说一：随着当期城市居民可支配收入的提高，城市居民的休闲农业消费能力也将提高。

（2）城市居民人口数量。由于休闲农业的消费群体主要为城市居民，所以城市居民人口数量的增加，可提高休闲农业的消费。因此，本节提出假说二：随着城市居民人口数量的增加，休闲农业的消费将提高。

（3）城市居民的教育文化水平。具有不同教育文化水平的人表现出不同的消费需求、行为、方式，从而形成了不同的消费能力。通常，受教育程度较高的城市居民，对生活品质的追求也较高，对休闲旅游有着明显的偏好。由此，本节提出假说三：接受高等教育的城市居民的数量正向影响城市居民对休闲农业的消费能力。

（4）私家车拥有量。当城镇私家车拥有量增加时，有利于城镇居民携带家庭成员一起出行，也更便于他们前往他们所预期前往的景点。由此，本节提出假说四：随着私家车拥有量的增加，预计城镇居民的休闲农业消费能力也将得以提升。

（5）养老保险。当城镇居民拥有养老保险时，就更能有效缓解居民消费压力感知（田玲和刘章艳，2017）。由此，本节提出假说五：随着城镇居民养老保险人数的增加，预计城镇居民的休闲农业消费能力也将增强。

（6）医疗保险。一般而言，当城镇居民拥有医疗保险，更有信心承担外出可能遇见的意外事件的发生。由此，本节提出假说六：随着城镇居民医疗保险人数的增加，预计城镇居民的休闲农业消费能力也将增强。

资料主要来源于 2011 年至 2015 年的《中国统计年鉴》《中国旅游统计年鉴》《中国农村统计年鉴》《中国城市统计年鉴》等。2014 年和 2015 年的休闲农业消费额来源于 2015 年和 2016 年《中国休闲农业统计年鉴》中休闲农业的经营收入，2010~2013 年的数据来源于《中国乡镇企业及农产品加工业年鉴》及地方政府门户网站、报告、学术论文等。为了剔除通货膨胀的影响，本节将各省份的城市居民人均可支配收入通过城市 CPI 指数（万得数据库）

进行平减处理。城市居民人口数量根据《中国统计年鉴》中各地区年末总人口和城镇人口比重测算得到，私家车拥有量、参与养老保险人数、医疗保险收入的数据均来自《中国统计年鉴》。为了使回归系数的估算无偏、有效，能更准确地表明变量之间的弹性关系，本节对各变量均做了对数处理。数据处理和实证分析过程采用Stata13进行。

三、实证结果与分析

本节通过对各变量的描述性统计数据进行汇总，发现各地区变量之间的差异较大。其中差距悬殊的分别是年末参加城镇职工基本养老保险和医疗保险的人数，分别相差513倍和262倍，接下来是私家车拥有量，相差198倍，再接下来是人口数量，人口最多的地区是最少的109倍。从以上这些数据中可基本窥见地区实力与人口的差异，最终体现为地区间的休闲农业消费额的较大差异，相差360倍（见表3-8）。

表3-8 变量描述性统计

变量名称	单位	观察值	均值	标准差	最小值	最大值
消费能力	亿元	186	100.81	150.39	2.80	1008.00
人均可支配收入	百元	186	232.50	70.61	126.69	495.86
城镇人口数量	万人	186	1511.86	1126.77	68.06	7454.35
教育文化水平	人	186	531.65	182.85	37.59	1022.40
私家车拥有量	万辆	186	278.20	248.80	6.28	1243.55
参与养老保险人数	万人	186	1000.46	868.14	9.90	5086.50
医疗保险收入	万人	186	1761.55	1647.62	38.60	10136.00

基于2010~2014年各省份的面板数据，利用式（3.1）进行回归估计，回归估计结果如表3-9所示。

表3-9 休闲农业消费能力回归估计结果

变量名称	(1) eq*	(2) eq_ fe	(3) eq_ re	(4) eq_ scc
人均可支配收入	−0.05902	0.25441	0.12776	0.25441***
	(−0.336)	(1.491)	(0.801)	(9.848)
人口数量	0.54156***	0.14549	0.22957**	0.14549***
	(4.930)	(1.362)	(2.253)	(4.128)
教育文化水平	−0.03741	0.02415	0.00544	0.02415*
	(−1.025)	(0.837)	(0.187)	(2.291)
私家车拥有量	−0.01528	0.09873	0.10569	0.09873**
	(−0.274)	(1.109)	(1.527)	(3.266)
参与养老保险人数	0.06183***	0.20779***	0.06591***	0.20779***
	(3.173)	(3.208)	(2.774)	(5.809)
医疗保险收入	−0.08013	−0.21019*	−0.05569	−0.21019**
	(−0.756)	(−1.774)	(−0.599)	(−3.808)
截距项	2.01006	−1.92e+02***	−62.12630	−1.92e+02***
	(0.048)	(−3.136)	(−1.526)	(−6.794)
样本数量	174	174	174	174
R^2 值	0.56549	0.37574	0.34715	0.3757
F/wald	36.22381	13.94397	110.6	1897.47
固定地区		否	是	是
固定时间		是	否	是
地区数量	29	29	29	29

FE 与 OLS 选择：$F_{(28, 139)} = 8.72$ Prob>F=0.0000

RE 与 OLS 选择：Breusch Pagan 检验 chibar2（01）= 85.08，Prob>chibar2=0.000

Hausman 检验：chi2（11）= 25.89，Prob>chi2=0.0002

异方差检验 FE：chi2（30）= 150000，Prob>chi2=0.0000

序列相关检验：$F_{(1, 28)} = 168.934$，Prob>F=0.0000

XTSCC：$F_{(6, 5)} = 174.51$，Prob>F=0.0000

注：***、**和*分别表示1%、5%和10%的显著性水平；括号中的数值为t值，其中XTSCC回归括号里的数值为 Driscoll-Kraay 标准误。Hausman 检验零假设：随机效应模型中个体影响与解释变量不相关，若统计量大于临界值，则拒绝原假设（RE）。固定效应模型的 R^2 报告的是组内 R^2，而随机效应模型的 R^2 报告的是全局 R^2。

如表 3-9 所示的估计结果显示，固定效应模型与混合回归模型中的 F 检验统计量为 8.72，伴随概率为 0.0000，说明固定效应模型的回归结果在 1%的显著性水平上优于混合回归模型，因此仅从两者的回归结果看，宜选择固定效应回归模型；进行随机效应回归，得到的卡方统计量为 85.08，伴随概率为 0.000，因此随机效应模型的回归结果也优于混合回归模型。为了对比固定效应模型和随机效应模型的优劣，进行 Hausman 检验，得到卡方统计量为 25.89，伴随概率为 0.0002。由此可以看出，固定效应模型优于随机效应模型。然而，对固定效应模型进行异方差检验时，得到卡方统计量为 150000，伴随概率为 0.0000，由此推断固定效应模型并不是最理想的模型，由于异方差的存在，会使回归结果的估计效率受到影响，所以再对固定效应模型进行序列相关检验，发现模型存在序列相关性，同时模型拒绝了残差横截面不相关的原假设。因此，本节最终采用 Driscoll 和 Kraay 发展的面板数据模型，修正了模型的标准误，缓解了异方差、序列相关和截面相关所引起的系列问题。由此，模型（4）报告的结果是最可靠、最有效的，本节将基于模型（4）进行分析，从而也得到了测算城市居民对休闲农业消费能力的最适方程。

通过对上述混合回归模型、固定效应模型及随机效应模型的回归结果进行综合比较，本节选取估计效果最为理想的 Driscoll-Kraay 固定效应模型进行分析。根据计量结果我们发现：

（1）城市居民人均可支配收入的系数为 0.25441，在 1%的水平上显著，说明城市居民收入对休闲农业消费有显著正向影响。随着我国城市居民收入的提高，居民对休闲农业的消费也将提高。就目前我国城市居民人均可支配收入以及城市居民在旅游上的花费情况来看（见表 3-6），城市居民对休闲农业的消费支出占城市居民人均可支配收入的比重处于增长状态，而随着城市居民人均可支配收入的提高以及城市居民人均旅游花费的增加，城市居民对休闲农业的消费投入将进一步得到提高。

（2）人口数量的系数为0.14549，且通过了1%的显著性水平检验，表明在其他条件保持不变的情况下，城市人口每增加1%，则休闲农业消费额增加约15%。人口是休闲农业消费的客源保障。

（3）教育文化水平的系数为正，且在10%的水平上显著，表明教育文化水平对休闲农业消费具有正向影响，接受过良好教育的市民更容易接受休闲农业。居民素质涵养的提高使其对生活品质有更高的追求，从而进一步提升了对休闲农业的消费。

（4）私家车为市民前往郊区提供了便利，因此私家车拥有量的提高有助于休闲农业消费的提高。从某种意义上看，城市居民养老参保人数的增多也能促进休闲农业消费。

第四章　城市居民对休闲农业项目的距离感知态度

本章主要探讨城市居民对休闲农业距离要素的感知维度，这是对旅游需求市场的估算，也是界定旅游市场投资区位的基础。长期以来，由于缺乏感知维度的综合量化方法，休闲农业目的地的距离远近主要基于地理信息数据对空间距离或时间成本距离进行模拟分析得到，或者通过单一的费用距离、经济距离、感知距离进行推算得到。本章尝试结合自驾游数据，利用三维距离确定距离要素感知维度，并为后文验证消费场强的距离衰减特性奠定基础。

第一节　对距离的界定及当量

一、对距离的探讨

一般而言，当不同的经济现象间存在某种复杂的交互关系时，这一作用强度会伴随距离的增加而降低，该距离衰减理论被论证为"地理学的第一定律"①，认为近的事物比较远的事物更为相关，社会和经济研究广泛运用了这一理论思想。针对"距离衰减"问题，众多学者参考距离衰减理论开展了广泛的研究。

1966年，Crampon将引力模型引入旅游研究领域，用于量化反映旅游需求。引力模型以幂函数形式体现距离衰减，但被证实在预测短途旅行距离时偏高，而预测长途旅行时偏低（Wolfe，1972）。此后，学者们提出了大量针对距离感知的模型，并广泛应用到旅游需求预测中（Smith，1989）。指数函数、幂函数以及高斯函数是目前较为常见的几类距离衰减函数，其中幂律型的距离衰减函数被认为具有无标度（Scale-free）特征，且能够较好地反映不同类型空间活动的本质特征。

区域旅游经济发展不平衡是一种普遍的社会经济现象，区位条件差异及旅游供需分布不均是这类现象产生的主要原因（Archer and Fletcher，1988；Huse et al.，1998）。例如，选择旅游目的地时，我们会综合考虑时间因素及经济因素，一般而言，近距离出游的耗时较短、支出较少，而我们短期的空闲时间较多，因此近距离旅游的需求总是大于远距离旅游的需求。Yokeno（1974）指出，一般而言，旅游的需求和供给应当趋于平衡，但考虑到出游距离对旅游的影响，距离衰减规律在旅游活动方面仍有较明显的体现。

消费者在旅游过程中产生的旅游成本与出游距离直接相关，这一旅游成本包括实际交通成本和机会成本。交通成本即因距离而产生的交通费用，本书定义为费用距离；机会成本即因花费时间而产生的成本，本书定义为时间距离。

---

① 1970年，托布勒（Tobler）提出了"地理学第一定律"。

二、对距离的界定

借鉴以往学者对距离要素的解析，在充分考虑数据可获得性的基础上，本书根据研究的核心内容，将来源地至目的地的距离界定如下：

空间距离指从城市中心到郊区各个镇（或街道）的自驾车里程。它能够对费用距离、感知距离等产生重要影响，因此本书将空间距离纳入研究中。时间距离指自驾车从城市中心到郊区各个镇（或街道）所需的时间，在一定程度上反映了交通道路情况。

费用距离是指从源头经过不同阻力的景观所耗费的费用，费用距离的计算是通过景观单元的成本因子修正直线距离所获得每一单元到距离最近、成本最低的最小累计成本（Adriaensen et al.，2003）。本书的计算是从市中心到郊区各个镇（或街道）的自驾车所花费的具体金额，包括汽油费、过路费、保养费。在本章中，假设研究涉及的时间距离、空间距离、费用距离在五年内不会有明显变化。

感知距离是行为主体认知地图的有机组成（Cadwallader，1979）。本书中，感知距离被认为是个人根据记忆以及认识所估计的从某地到另一地点的距离，是一种由社会心理过程形成的情境约束，是个人对两地间实际距离的主观认识，其发展或变化主要依赖个人的社会、文化背景和生活经历等（Ankomah，Crompton and Baker，1995）。

距离权重，分别为消费者对时间距离、空间距离和费用距离的感知权重，体现了消费者（或潜在消费者）对从城市中心到郊区的时间、空间、费用距离的关注程度。

通常，空间距离较大说明旅途花费的时间较多，那么在固定的时间内游览的时间则减少，从而降低了旅游效用，最终将使部分消费者放弃旅行计划。

此外，空间距离较大易增加旅游消费成本，在可控预算约束范围内，旅游消费成本的提高，将降低旅游消费需求。旅游需求在时间限制和消费成本约束的共同作用下呈现出距离衰减规律。

对于距离衡量指标，本书对空间距离选用公路距离和直线距离进行测算（考虑到休闲农业基本上是在城市周边地区，因此本书暂且不考虑铁路距离；同时考虑到现代交通的发展，以及城市中心到郊区实际的交通道路条件，本书暂不考虑前往休闲农业景点的航空飞行时间）。公路距离为休闲农业景点与城市中心最短公路距离；直线距离为休闲农业景点与城市中心两点间所构成线段的长度。

对时间距离进行测算时，本书将采用公路时间距离。考虑到消费者旅游的实际情况，两地间的最短公路距离通常为城市中心与休闲农业景点之间的陆路距离，"两地间最短公路距离""两地间最短通行时间"通过百度地图查询获得，部分数据存在偏差，已通过电话查询予以校正。

本章拟建立以下模型：

$$R = \delta_1 \cdot r^t + \delta_2 \cdot r^s + \delta_3 \cdot r^e \tag{4.1}$$

式中，R 表示三维距离，根据空间距离、时间距离、费用距离的加权计算得到，经过当量将单位转化为千米；r^t、r^s、r^e 分别表示城市中心到郊区的时间距离、空间距离、费用距离；δ_1、δ_2、δ_3 分别表示消费者对时间距离、空间距离、费用距离的关注程度，该数据来源于问卷调查。消费者对于空间距离、时间距离、费用距离的感知度不同，其对时间距离的感知度 δ_1、对空间距离的感知度 δ_2、对费用距离的感知度 δ_3 构成了从城市中心到郊区的三维距离，具体如图 4-1 所示。

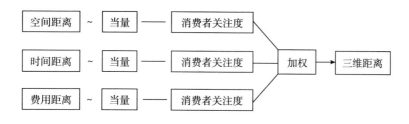

图 4-1 三维距离测算流程

三、当量量化距离

当量是指与特定或俗成的数值相当的量，当量量化就是先选择某一中介变量，对诸种不同类别或不同质的对象进行近似同类同质的量化。当量量化是一种主观量化形式，其作用是使不同类别不同质的素质测量对象量化，能够相互比较和进行数值综合（龚烈明，1980）。

（一）时间距离当量量化

依据《公路工程技术标准》（JTG B01—2003）中规定的各级公路的设计速度，结合全国的路网密度和路网质量，并考虑高速公路出口、交通拥堵等对设计速度的影响，最终明确各级道路通行时速。由此，空间距离可转换为时间距离，见式（4.2）：

$$r^t = 60 \times 1/V \tag{4.2}$$

式中，V 为各等级公路的行车速度。

（二）费用距离当量量化

费用距离的函数关系采纳 1976 年爱德华兹和丹尼斯提出的距离函数式：

$$C_{ij} = \left[\frac{(X_1)(X_2)(X_3) + (X_4)}{(X_5)}\right] X_6, \quad r^e = (C_{ij} - a)/b \tag{4.3}$$

式中，X_1 为每升汽油的费用；X_2 为每千米消耗的汽油；X_3 为每小时平均行车千米；X_4 为每小时闲暇时间的价值（定义为每小时工资的 25%）；X_5 为每辆汽车的平均载客量；X_6 为旅行时间；a 为燃油费；b 为每千米公共驱车费用。

本章假定短期内道路交通情况不变，并假定交通出行方式为自驾车，因此在一定时期内距离不变。

第二节　城镇居民对距离的识别

一、数据来源及样本背景构成特征描述

本章将南京市作为考察城市，各级公路交通时速源自《公路工程技术标准》（JTG B01—2003），南京市中心到各个镇（或街道）的空间距离、时间距离来源于卫星地图数据，费用距离则根据上述距离函数式（4.3）的当量量化得到。其中，式（4.3）中的汽油费来自国内 2016 年汽油费行情，行车公里数以自驾车平均正常计算得到，闲暇时间按江苏省南京市每小时工资的 25% 计算，每辆汽车的平均载客量按江苏省的平均情况计算，燃油费、公共驱车费用按江苏省南京市平均费用计算。时间距离、空间距离、费用距离的权重系数根据消费者对各距离的关注度确定，这一关注度借助 2016 年 7 月至 8 月在南京市区展开的问卷调查获得，问卷调查通过随机访问和网络调查的方式展开，共获取 635 份有效问卷。问卷不仅收集收入、职业、年龄、家庭规模等消费者个体信息，而且还收集消费者对不同类型距离的感知情况。本章通过软件 Stata12 对这些样本信息进行分析，样本的

频率、卡方值等将通过表格形式呈现。受访者的人口统计学特征具体如表 4-1 所示。

表 4-1　受访者人口统计学特征

基本情况	分类	频数	百分比（%）	基本情况	分类	频数	百分比（%）
性别	男	272	42.83	职业	私企业主	54	8.50
	女	363	57.17		企业员工	291	27.72
年龄	14 岁以下	4	0.47		学生	138	21.73
	15～25 岁	159	25.04		事业单位人员	67	10.71
	26～40 岁	298	46.93		离退休人员	19	2.99
	41～60 岁	139	21.73		自由职业及其他	66	10.55
	60～65 岁	29	4.72	月收入	1000 元以下	107	16.54
	>65 岁	6	0.94		1001～3000 元	107	16.69
学历	初中及以下	37	5.83		3001～6000 元	221	34.96
	高中	95	14.96		6001～10000 元	143	22.05
	中专/中师/中职	76	11.97		1 万元以上	57	9.76
	专科/本科	307	48.66	养老医疗保险	有	499	78.58
	研究生及以上	120	18.58		没有	136	21.42
家庭成员	一个人	11	1.73	私家车	有	383	60.31
	两个人	26	4.09				
	三个人	325	51.18		没有	252	39.69
	四个人	122	19.21				
	五个人及以上	151	23.78				

从表 4-1 可以看出，本次研究共收集有效样本 635 个。从年龄分组上看，受访者主要是 26～40 岁人群，占比为 46.93%，之后是 15～25 岁和 41～60 岁的样本人群，占比均高于两成。从性别上看，女性样本所占比例较男性样本高，男女比值约为 4∶6。从学历上看，专科/本科学历的样本占比接近 50%，初中及以下学历的样本占比最低，仅占 5.83%，18.58% 的样

本为研究生及以上学历。从职业分布上看，企业员工、事业单位人员与学生的占比较大。从月收入上看，样本主要集中在 3001~6000 元和 6001~10000 元，占比分别为 34.96% 和 22.05%，1 万元以上的样本人群最少，占比仅为 9.76%。此外，调查还显示，研究样本中有一半以上的人拥有私家车，有约 2/3 的研究样本拥有养老医疗保险，家庭规模大多数为三个人。

通过以上的样本分析，可以看出受访者以中青年群体为主，具有较高的教育文化程度，经济实力较雄厚，这些信息基本符合南京市中青年市民的特征。

二、对距离全局感知态度的描述性分析

调查结果显示，受访者对休闲农业表现出极大的兴趣。在 635 个受访者中，有 486 人（76.53%）曾经有过休闲农业的体验，愿意在一年中参与 1 次、2 次、3 次、4 次及以上休闲农业的受访者分别占 23%、35%、12% 和 8%，其中年度参与休闲农业次数达到 4 次及以上的受访者为 117 人，占比 18.43%，所有受访者年度参与休闲农业的次数平均为两次。由此可以看出，休闲农业已经成为旅游的一个亮点。

从季节来看，受访者休闲农业多是在春季和秋季。从节假日上看，受访者主要在五一、国庆和周末出游，春节出游的较少，仅占 8.7%，也有一部分受访者表示避开节假日去体验休闲农业，他们主要是单位组织出行或者是因为有充足的时间而避开旅游高峰期。从休闲农业旅游的偏好方式上看，自助游是受访者最为偏好的方式，占比为 63.8%。从休闲农业旅游费用来源上看，全部自费的比例为 62.7%。

在交通日渐便利的当下，出发地到目的地两小时左右的车程更易激发旅游需求。本次调查表明，具有地理位置优势的城市郊区或者周围地带成为居民出游的优先选择，这也增加了相应区域的旅游市场需求。

从表4-2可以看出，就休闲农业旅游考虑因素来看，受访者对于往返时间的关注程度最高，占比是43.9%，32.2%的受访者较为关注往返里程距离。就休闲农业旅游选择路程距离来看，受访者更偏好于51~100千米的行程，占比为43.6%。从受访者可承受的单程时间上看，自驾车时，大部分受访者可承受两小时的时间，两小时这一时间约束也是多数受访者乘坐公共交通工具出行可承受的单程时间。可承受两小时和一小时自驾车程的受访者约80%，可承受三小时以内公共交通车程的受访者约95%。由此可知，两小时旅游距离是人们出行旅游的重要影响因素，因此，考虑到区域地理条件，休闲农业应致力于在距离城市人口集中地约两小时车程的地方开发项目。

表4-2　基于距离的旅游意愿

问题	选项	频数	百分比（%）
旅游出发地到休闲农业旅游景点的考虑因素	往返里程距离	204	32.2
	往返时间	279	43.9
	往返费用	152	23.9
休闲农业旅游选择路程距离	50千米以内	167	26.3
	51~100千米	277	43.6
	101~200千米	138	21.7
	201~500千米	39	6.1
	501千米及以上	14	2.3
自驾出行可承受的单程时间	一小时	179	28.2
	两小时	324	51.0
	三小时	104	16.4
	四小时及以上	28	4.4

续表

问题	选项	频数	百分比（%）
公共交通工具出行可承受的单程时间	一小时	143	22.5
	两小时	327	51.5
	三小时	129	20.3
	四小时及以上	36	5.7

受个人偏好的影响，消费人群的旅游决策行为通常呈现出倾向性特征。面对各类交通工具，选择自驾方式出行的占60.89%，该群体基本上是已有工作的中青年及部分随同家人一道出行的老年人；约有1/3的消费者选择乘坐公共交通工具出行，该部分消费者以学生居多；仅有少数消费者选择由旅行社安排，占比不足5%，选择该方式的消费者基本上是随同单位出行。由此可见，自驾出行是休闲农业旅游主要的出行方式（见表4-3）。

表4-3　对旅游交通工具的偏好　　　　　　单位：%

题目 \ 选项	自驾车	公共交通工具	由旅行社安排
你通常选择什么样的出游交通工具去乡村旅游	60.89	34.54	4.57

三、对距离全局感知态度的卡方检验分析

为了研究不同背景下样本人群对休闲农业旅游距离的感知态度是否存在差异，若存在显著性差异，差异情况如何，本节运用SPSS软件分别对性别、年龄、学历、职业、收入、是否拥有养老医疗保险、是否拥有私家车进行卡方检验分析（见表4-4、表4-5）。表4-4呈现了受访者对不同距离要素关注度的卡方检验结果，表4-5呈现了受访者选择不同空间距离尺度的卡方检验结果。

表 4-4 受访者对不同距离要素关注度的卡方检验

因素	类型	时间（比重）	空间（比重）	费用（比重）	χ^2	P 值
性别	男性	119（43.75%）	86（31.62%）	67（24.63%）	0.015	0.992
	女性	159（43.80%）	116（31.96%）	88（24.24%）		
年龄	14 岁以下	2（50.00%）	1（25.00%）	1（25.00%）	19.002**	0.040
	15~25 岁	75（46.87%）	36（22.50%）	49（30.63%）		
	26~40 岁	138（46.46%）	102（34.34%）	57（19.20）		
	41~60 岁	54（37.24%）	54（37.24%）	37（25.52%）		
	61~65 岁	6（26.09%）	8（34.78%）	9（39.13%）		
	>65 岁	3（50.00%）	1（16.67%）	2（33.33%）		
学历	高中及以下	45（34.1%）	44（33.3%）	43（32.6%）	9.427	0.151
	中专/中师/中职	32（42.1%）	27（35.5%）	17（22.4%）		
	专科/本科	146（47.5%）	96（31.3%）	65（21.2%）		
	研究生及以上	58（47.5%）	36（30.5%）	26（22.0%）		
职业	私企业主	21（38.89%）	20（37.04%）	13（24.07%）	19.098**	0.039
	企业员工	129（44.64%）	96（33.22%）	64（22.14%）		
	学生	62（44.93%）	32（23.19%）	44（31.88%）		
	事业单位人员	36（53.73%）	24（35.82%）	7（10.45%）		
	离退休人员	6（28.57%）	8（38.10%）	7（33.33%）		
	自由职业及其他	24（36.36%）	22（33.33%）	20（30.31%）		
月收入	1000 元以下	46（44.23%）	24（23.08%）	34（32.69%）	28.238***	0.002
	1001~3000 元	50（46.30%）	24（22.22%）	34（31.48%）		
	3001~6000 元	93（42.08%）	80（36.20%）	48（21.72%）		
	6001~10000 元	52（37.41%）	59（42.45%）	28（20.14%）		
	10001~20000 元	30（55.56%）	13（24.07%）	11（20.37%）		
	20000 元以上	7（77.78%）	2（22.22%）	0（0.00%）		
养老医疗保险	有	224（44.89%）	176（35.27%）	99（19.84%）	17.610***	0.000
	没有	52（38.23%）	32（23.53%）	52（38.24%）		
私家车	有	165（43.08%）	132（34.47%）	86（22.45%）	3.237	0.198
	没有	115（45.64%）	72（28.57%）	65（25.79%）		

注：***、**和*分别表示 1%、5%和 10%的显著性水平。

表4-5 受访者选择不同空间距离尺度的卡方检验

因素	类型	<50千米	50~100千米	101~200千米	201~500千米	>500千米	χ²	P值
性别	男性	69 (25.8%)	116 (43.4%)	58 (21.7%)	16 (6.0%)	8 (3.0%)	1.336	0.855
	女性	98 (27.1%)	158 (43.8%)	78 (21.6%)	21 (5.8%)	6 (1.7%)		
年龄	<25岁	61 (37.4%)	56 (34.4%)	33 (20.2%)	8 (4.9%)	5 (3.1%)	21.139***	0.007
	26~40岁	70 (23.6%)	147 (49.5%)	58 (19.5%)	17 (5.7%)	5 (1.7%)		
	>40岁	36 (20.7%)	74 (42.5%)	47 (27.0%)	13 (7.5%)	4 (2.3%)		
学历	高中及以下	28 (21.4%)	61 (46.6%)	26 (19.8%)	11 (8.4%)	5 (3.8%)	20.229*	0.063
	中专/中师/中职	14 (18.4%)	33 (43.4%)	18 (23.7%)	10 (13.2%)	1 (1.3%)		
	专科/本科	85 (27.7%)	137 (44.6%)	64 (20.8%)	14 (4.6%)	7 (2.3%)		
	研究生及以上	40 (33.9%)	45 (38.1%)	28 (23.7%)	4 (3.4%)	1 (0.8%)		
月收入	1000元以下	29 (28.4%)	48 (47.1%)	18 (17.6%)	3 (2.9%)	4 (3.9%)	16.819	0.397
	1001~3000元	34 (31.8%)	44 (41.1%)	17 (15.9%)	11 (10.3%)	1 (0.9%)		
	3001~6000元	55 (25.0%)	95 (43.2%)	51 (23.2%)	14 (6.4%)	5 (2.3%)		
	6001~10000元	35 (25.2%)	61 (43.9%)	31 (22.3%)	9 (6.5%)	3 (2.2%)		
	>1万元	12 (19.4%)	27 (43.5%)	20 (32.3%)	2 (3.2%)	1 (1.6%)		
养老医疗保险	有	120 (24.4%)	221 (45.0%)	113 (23.0%)	29 (5.9%)	8 (1.6%)	11.051**	0.026
	没有	46 (34.3%)	53 (39.6%)	21 (15.7%)	8 (6.0%)	6 (4.5%)		
私家车	有	92 (24.2%)	174 (45.8%)	82 (21.6%)	24 (6.3%)	8 (2.1%)	2.310	0.679
	没有	72 (28.8%)	102 (40.8%)	56 (22.4%)	14 (5.6%)	6 (2.4%)		

注：***、**和*分别表示1%、5%和10%的显著性水平。

通过表4-4可知，年龄、职业、月收入、养老医疗保险对于受访者对不同距离要素的关注度有显著影响。不同性别的人群对于不同距离指标的感知差异不显著（$\chi^2 = 0.015$，$P = 0.992$），该研究与周芳如等（2016）的结论一致。不同学历人群以及是否拥有私家车对不同距离指标的关注度并不呈现显著差异。

（1）年龄。表4-4显示，不同年龄的消费者对于不同距离要素的关注度呈现显著差异（$\chi^2 = 19.002$，$P = 0.040$）。与25岁以下人群相同，26~40岁人群同样对时间距离非常关注，41~60岁人群对往返时间距离和里程距离都非常关注。26~40岁人群对于往返费用的在乎程度相对较低。61~65岁这组人群在同年龄层次上对于往返时间的在乎程度相对最低，基本为30%左右的占比，这可能与这组人群基本处于退休状态有关，具有较多自主可支配时间。令人感到意外的是，65岁以上的群体对于时间距离的关注度达到50.00%，这可能和其对健康的担忧有关。

（2）职业。职业对于受访者对不同距离关注度的影响是显著的（$\chi^2 = 19.098$，$P = 0.039$）。除了离退休人员，其他职业类型的受访者均最关注时间距离。调查显示，受访者群体均具备较强的时间观念，即便是去出游，仍然视时间距离因素为最重要的考虑因素。抛开时间距离因素，就空间距离和费用距离而言，各类职业人员（学生除外）更关注空间距离而不是费用距离。可能的原因是，人们觉得旅行成本并不占据其生活成本的重要构成部分，因此对其可以延后考虑。就没有经济来源的学生而言，费用距离比空间距离更为重要。

（3）月收入。不同收入群体对不同类型距离要素的关注度差异显著（$\chi^2 = 28.238$，$P = 0.002$）。总体而言，不同收入群体都非常关注时间距离，相对高收入人群及高收入人群尤其看重时间距离，从"3001~6000

元"收入组的 42.08% 到"两万元以上"收入组的 77.78% 来看大都重视时间距离；而在空间距离和费用的选择上，表现出高收入及中等收入人群较多地关注空间距离，而低收入人群（3000 元以下）则更多地关注费用距离，高收入群体（月收入 20000 元以上）对费用距离基本不关注。因此，可以认为时间距离在不同收入群体中最受关注，而空间距离和费用距离则视不同收入人群情况而定。

（4）养老医疗保险。养老保险和医疗保险对于受访者对不同类型距离要素的关注度有显著影响（$\chi^2 = 17.610$，$P = 0.000$）。拥有养老医疗保险的群体对于往返里程距离的关注度明显更高，没有养老医疗保险的群体则对于往返费用在乎度更高。

为了进一步深入了解不同背景下样本人群对于不同空间距离尺度的差异性选择情况，本节再次运用 SPSS 软件分别就性别、年龄、学历、月收入、是否拥有养老医疗保险、是否拥有私家车进行卡方检验分析（见表4-5）。

通过表4-5可知，年龄、学历、养老医疗保险对于受访者选择不同的空间距离尺度具有显著影响。性别、月收入、私家车对于受访者选择不同的空间距离尺度不具有显著影响。25 岁以下人群更加偏好 50 千米以内的空间距离，25 岁以上人群更加偏好 50~100 千米的空间距离；有养老医疗保险的人群更偏好于 50~200 千米的旅游，而没有保险的人群更加偏好 100 千米内的旅游。

第三节　不同类型距离的测度及其定量关系

根据我国《公路工程技术标准》（JTG B01—2003）中不同等级公路的设

计速度，并参考靳诚等（2009）的研究方法，本节以南京市为例，从南京市中心到郊区的驾车路线以省道计算，平均速度为 80 千米/时，通过式（4.2）得到当量化的时间距离，根据距离函数式（4.3）经当量转换得到费用距离，最后通过式（4.1）得到南京市中心到其下辖各镇（街道）的三维距离，如表 4-6 所示。

表 4-6 南京市中心到郊区各镇（街道）的距离　　单位：千米

名称	时间距离	空间距离	费用距离	三维距离	名称	时间距离	空间距离	费用距离	三维距离
泰山街道	52.00	21.7	25.00	35.63	湖熟街道	80.00	34.1	40.42	55.53
顶山街道	44.00	16.5	18.33	28.85	横溪街道	64.00	42.6	50.83	53.92
沿江街道	49.33	23.7	27.50	35.74	麒麟街道	38.67	14.8	16.25	25.48
江浦街道	49.33	21.7	25.00	34.47	雄州街道	94.67	50.4	60.83	72.16
桥林街道	68.00	36.4	43.33	51.80	龙池街道	78.67	41.5	49.58	59.60
汤泉街道	65.33	34.7	41.25	49.59	程桥街道	92.00	50.7	61.25	71.20
盘城街道	58.67	29.6	34.58	43.42	金牛湖街道	86.67	56.9	68.75	72.74
星甸街道	66.67	41.7	50.00	54.58	横梁街道	73.33	50.1	60.42	62.73
永宁街道	64.00	31.2	36.67	46.75	龙袍街道	66.67	44.8	53.75	56.50
尧化街道	38.67	15.2	16.67	25.71	马鞍街道	93.33	73.2	89.17	85.91
马群街道	32.00	13	13.75	21.40	冶山街道	96.00	72.8	88.75	86.83
迈皋桥街道	38.67	12.9	13.75	24.25	竹镇镇	112.00	65.7	80.00	89.31
燕子矶街道	46.67	13.6	14.58	28.14	大厂街道	64.00	32	37.50	47.21
栖霞街道	49.33	22.5	25.83	34.94	葛塘街道	61.33	33	38.75	46.69
龙潭街道	69.33	35.1	41.67	51.55	长芦街道	61.33	37.4	44.58	49.55
仙林街道	46.67	17.8	20.00	30.83	永阳街道	77.33	58.1	70.42	69.51
八卦洲街道	50.67	25	28.75	37.04	白马镇	92.00	72.6	88.33	84.94
西岗街道	66.67	28.1	32.92	45.98	东屏街道	84.00	61	73.75	74.14
雨花街道	32.00	7.7	7.50	18.15	柘塘街道	56.00	41	48.75	49.43
赛虹桥街道	22.67	5.8	5.83	13.10	石湫街道	70.67	54.4	65.83	64.30

名称	时间距离	空间距离	费用距离	三维距离	名称	时间距离	空间距离	费用距离	三维距离
西善桥街道	33.33	12.5	13.33	21.72	洪蓝街道	77.33	63.1	76.67	72.66
板桥街道	42.67	20.5	23.33	30.79	晶桥镇	100.00	76	92.50	90.52
铁心桥街道	29.33	13.1	14.17	20.39	和凤镇	92.00	86.2	105.42	93.53
梅山街道	40.00	14.8	16.25	26.06	淳溪街道	113.33	97.4	119.58	109.86
东山街道	32.00	13.9	15.00	22.00	砖墙镇	128.00	113.6	139.58	126.35
秣陵街道	42.67	18.6	20.83	29.56	阳江镇	114.67	104.8	128.75	115.08
汤山街道	48.00	29.9	35.00	39.01	古柏街道	98.67	91.1	111.67	99.54
淳化街道	58.67	23.8	27.50	39.80	固城街道	102.67	95.4	117.08	103.99
禄口街道	49.33	36.3	42.92	43.60	漆桥街道	92.00	87.3	106.67	94.19
江宁街道	70.67	28.1	32.92	47.71	东坝街道	108.00	99.4	122.08	108.81
谷里街道	64.00	22.8	26.25	41.48	桠溪街道	129.33	97.2	119.17	116.61

注：雨花台区也有零星休闲农业数据。

通过对三维距离和空间距离进行回归，得到表4-7。

表4-7 三维距离和空间距离的关系

变量	系数	标准误	T值	P值
空间距离	0.752993	0.0128116	58.77	0.000
截距项	1.226622	0.0462588	26.52	0.000
R^2	0.9829			

其中，R^2为0.9829，解释力度非常高，在进行异方差检验时，chi^2(2) = 4.52，Prob>chi^2 = 0.1043，方差膨胀因子 VIF = 1.00，因此排除了异方差的存在。根据回归结果，得到以下方程：

$$\ln(r^d) = 1.227 + 0.753\ln(r^s) \tag{4.4}$$

由此，判断三维距离和空间距离之间呈现幂律形式，亦可写成如下形式：

$$\ln(f(r^s)) = \ln C + (-\beta)\ln(r^s) \tag{4.5}$$

式中，$\ln C$ 是截距值，为 1.227，β 是回归系数，为 0.752993，此处的 r^s 表示空间距离，$f(r^s)$ 表示以空间距离为自变量的三维距离函数。

第五章　休闲农业消费场强的空间分布特性及解析

第三章实证分析得出了休闲农业的消费能力函数，第四章对距离要素做了界定和测度，并提出了距离函数。为了进一步明晰休闲农业消费场强的空间分布规律，验证休闲农业消费场强与距离的关系，本章将运用长三角城市群和南京市的休闲农业旅游数据，借鉴引力模型，构建城市郊区休闲农业的消费场强模型，基于第三章和第四章的研究成果，一方面度量长三角地区各城市的休闲农业消费场强，阐明休闲农业消费场强的空间分布特征；另一方面演绎与剖析单场源和多场源的消费场强的空间分布格局，从而揭示休闲农业消费场强的分布规律。本章诠释了消费场强分布结果是否与休闲农业实际的消费情况吻合，并根据实证结果进一步明确了消费场强和距离要素的关系。本章的实证分析内容将进一步丰富距离衰减的理论研究，也将为休闲农业的投资决策提供理论支撑。

第一节　消费场强的空间分布理论及其度量

一、旅游与距离衰减曲线类型

旅游是一种空间消费，通过变换空间形成经济，发展旅游经济问题既涉及产业问题，也涉及空间问题（张辉和岳燕祥，2016）。休闲农业作为第一产业和第三产业的融合亦属于此范畴。休闲农业通常发生在城市郊区，当城市居民可支配收入达到一定水平时，就会产生对休闲农业的消费需求，在城市周围产生消费场。张爱平等（2014）试将场理论与旅游空间相结合，借助空间梯度等理论方法，以游客密度作为旅游场强变量，运用 GIS 空间分析技术对旅游的空间差异及其演化规律进行分析，得到在由场核到外围的路径上，随着距离的增加旅游场强呈现出显著的衰减特征。关于旅游和距离的关系，一些学者基于旅游本质上是一种贸易形式的观点（Eilat and Einav，2004），借鉴贸易引力模型提出了距离衰减规律（Chen，2015；Rossi et al.，2015；Hooper et al.，2015）。

目前较常用的距离衰减函数包括指数函数、幂函数及高斯函数。在不同的研究领域和应用环境中，距离衰减函数也会产生一定的变形。例如，使用指数截断的幂律函数，或者采用分段函数控制不同距离区间内的距离衰减程度（Wang，2012）。Chen（2015）通过引入适当的假设，从最大熵原理中推导出基于幂律衰减的重力模型，解决了基于重力模型的维度困境问题。尽管假设不同，距离衰减函数的形式也不尽相同，但是函数值通常随着距离的增加而减小。每种估算距离衰减系数的方法有不同的适用条件、范围，在实际应用中需要根据具体的研究问题选择相应的方法。目前较常见的估算方法有线性模型法和代数法，经典的有蒙特卡洛模拟方法和空模型法，粒子群优化算法所依据的负幂律衰减也为逆重力模型的求解提供了新的思路（刘瑜等，2014）。但是，国内外学者基于具体对象通过引力模型对距离衰减规律的研究仍然存在一些分歧。吴晋峰和包浩生（2005）认为，区域旅游随距离增加呈减少趋势，旅游距离衰减曲线主要有高斯分布和指数分布两种基本类型，距离衰减曲线的类型主要由旅游系统空间结构的类型决定。与此观点类似，纪小美等（2016）运用 LISA 时间路径、时空跃迁、可视化等方法，分析发现旅游客源市场的客流省份分布呈现距离衰减规律，近程市场客流分布较远程集中。然而，上述关于距离衰减函数的工作仍未得到广泛认可，这从另一个侧面也说明地理现象的复杂性以及建立普适模型的难度。

二、理论模型

随着城市居民人口数量逐年增加，城市生活空间日益拥挤，交通、生活压力逐渐增大，休闲农业成为城市居民体验"慢生活"的良好选择。城市为休闲农业的发展积蓄了强大的消费后备力量（Dukbyeong and Yooshik，2009），一旦郊区的休闲农业项目得到合理开发、建设和运营，它将为投资者创造价值。尽管国内外已对休闲农业的空间分布开展了较多的研究（Papatheodorou，2001；王晓峰等，2013；许贤棠等，2015），但是到目前为止，利用物理学场论思想对我国休闲农业消费场强的空间分布规律进行的研究还较少。

场是一种相互作用形式，可以描述旅游消费在城市间运动的时空轨迹和特征。场强概念源于力学，应用到经济活动中，是将中心城市吸引范围称为城市影响力的力场，将影响力的大小称为场强。每个城市都有核心区域，这些区域通常被理解为市区，市区对城市郊区的影响程度如同物理学中的场强。场强模型源于物理学中的引力模型，研究了中心对外围辐射力的逐渐衰减。近年来，学者们对模型的改进重点关注中心地综合规模的确定，以及中心地到腹地距离的精确表达（Geurs and Wee，2004；Visser et al.，2007；Ferrari et al.，2011）。本书认为，休闲农业消费场强可反映休闲农业消费供给的健康发展程度，也在一定程度上反映出休闲农业产业的前景。

休闲农业活动主要表现为城市居民在城市中心与郊区之间进行的有目的的空间往复运动，城市中心可视为乡村旅游流的源点，城郊可视为乡村旅游流的扩散面（见图5-1），城市中心与郊区之间的相互作用就构成了旅游场。旅游场中场强的变化影响着旅游的集聚与扩散，并反映城市中心与城郊之间的空间作用关系。城市居民在城郊发生的旅游消费构成了休闲农业消费场，它反映了休闲农业的消费情况。

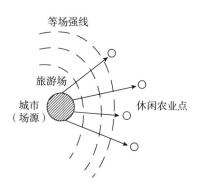

图5-1　城市郊区休闲农业消费场强

根据第二章提出的休闲农业消费场强模型，城市居民对休闲农业旅游的参与越多，则郊区休闲农业产业的投资回报率越高。

关于休闲农业消费场强的度量，本书以城市对休闲农业总的消费能力为城市休闲农业消费场强的总衡量指标，则市区作用于郊区任一点的消费场强（E_α）模型如下：

$$E_\alpha = \frac{k_\alpha Q}{r_\alpha^2} \tag{5.1}$$

式中，E_α 表示某地的休闲农业消费场强；Q 表示市民对休闲农业总的消费能力；k_α 表示农游系数①；r_α 表示客源地到郊游目的地的距离。

在休闲农业消费场中，城市居民对郊区休闲农业存在消费需求。当市区近郊休闲农业的基础设施建设较为完善，而远郊的交通基础设施建设并不完善时，市区对近郊休闲农业的消费需求较大，在近郊区产生较大的消费场强，在远郊区产生较小的消费场强，此时农游系数较大。反之，当近郊的休闲农业资源较少或质量较低，且城市交通基础设施建设相对不完善时，近郊的休闲农业资源并不能充分满足市区的消费需求，此时农游系数较小，近郊和远郊所产生的消费场强差异不大，市区对远郊同样具有一定程度的消费需求。因此，当农游系数较小时，意味着市区的休闲农业消费范围变大了。由于市区通往各郊区的交通基础设施建设状况迥异，各郊区间的休闲农业资源分布不均，因此农游系数通常被认为是各向异质性的。

由上文的分析可知，农游系数 k_a 的大小和休闲农业资源禀赋有关。结合式（5.1）及第二章关于 $\bar{q}$ 的运算公式（2.4），得到：$\bar{q} = 60.69$，再根据式（2.4）、式（2.5），得到农游系数值为 0.15。

根据以上的理论说明提出假说：休闲农业消费场强随着市区到郊区距离的增加而逐渐衰减。

---

① 类比电场描述中的介电常数，本书将描述休闲农业消费场的常数 k_α 命名为农游系数。

三、休闲农业消费场强的度量

(一) 单场源

当场源为一个城市时，休闲农业场中的点 q (x，y)，只受到城市市区 Q (x₁，y₁) 所形成的消费场强的影响 (见图 5-2)。根据休闲农业消费场强的计算公式，q 点所产生的消费场强可根据下式获得：

$$E_q = \frac{k_\alpha Q}{(x_1-x)^2 + (y_1-y)^2} \tag{5.2}$$

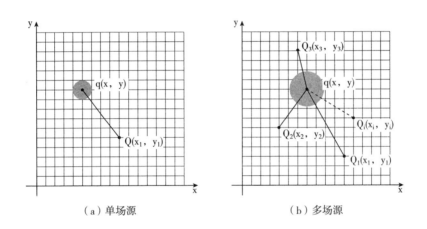

（a）单场源　　　　　　　　　（b）多场源

图 5-2　休闲农业场源类型

(二) 双场源

当场源为两个城市时，休闲农业场中的点 q (x，y)，既受到城市市区 Q₁ 的场强影响，也受到城市市区 Q₂ 的场强影响，该场强是 Q₁ 和 Q₂ 两个场强的叠加。根据休闲农业消费场强计算公式，q 点所产生的消费场强可根据下式获得：

$$E_q = \frac{k_\alpha Q_1}{(x_1-x)^2+(y_1-y)^2} + \frac{k_\alpha Q_2}{(x_2-x)^2+(y_2-y)^2} \tag{5.3}$$

（三）多场源

n 个市区之间由于自身的休闲农业消费需求，会产生不同的消费场强，这些消费场强的叠加即为休闲农业消费场强，它反映了休闲农业的投资回报情况。如图 5-2（b）所示，休闲农业消费场强 E_q 即是由 n 个城市对休闲农业的潜在消费所形成的场强叠加。

$$E_q = k_\alpha \sum_{i=1}^{n} \frac{Q_i}{(x_i-x)^2+(y_i-y)^2} \tag{5.4}$$

为了具体研究城市休闲农业消费场强，本章以长三角城市群和南京市为例，探讨城市郊区休闲农业消费场强的空间分布。

第二节　城市郊区休闲农业消费场强分布规律

一、多场源下的消费场强

为了具体研究多场源叠加后的城市居民对休闲农业消费场强的分布，本章选取长三角城市群（上海、南京、无锡、常州、苏州、南通、盐城、扬州、镇江、泰州、杭州、宁波、嘉兴、湖州、绍兴、金华、舟山、台州、合肥、芜湖、马鞍山、铜陵、安庆、滁州、池州、宣城共 26 个城市）为研究对象，通过测度各地的休闲农业消费场强，分析长三角地区休闲农业消费场强的空间分布特征。上述 26 个城市的地理坐标为各城市的市政府。

为方便区域范围的表示和场强的计算，针对长三角城市群建立平面直角坐标系。其中，x轴正方向为正东方向，y轴正方向为正北方向，每个单元格代表1km×1km的区域面积。

计算程序的输入为各个中心城区网格中心点的坐标、Q_i的大小，以及所计算的网格点坐标；程序的输出为每个网格点受到的场强叠加的大小和方向。运用Origin根据计算结果绘制长三角城市群休闲农业场强分布等值线图，其等值间距为100万元/平方千米，如图5-3所示。

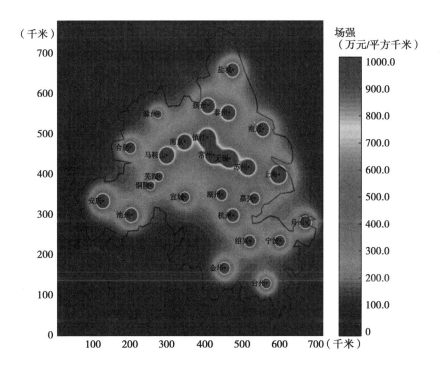

图5-3　2015年长三角城市群的休闲农业消费场强分布

资料来源：笔者根据长三角各城市统计年鉴、《中国休闲农业年鉴》以及场强模型整理计算得到。边界线来源于高德地图。

从图5-3中可以看出，2015年休闲农业消费场强等值线分布不均匀：从整体来看，场强等值线在绍兴、台州、金华、芜湖、铜陵、宣城、滁州、盐城、南通等地分布较为密集，形成了"孤岛"；而在镇江、常州、无锡、苏州则较为稀疏，形成了一个高场强值城市群。2015 年无锡和绍兴的休闲农业潜在消费需求相近，分别为 143.57 亿元和 149.84 亿元，但是绍兴附近的场强等值线分布明显比无锡密集，说明长三角城市群休闲农业消费场强的分布与地理位置有关。马鞍山市和芜湖市相邻，2015 年两市潜在休闲农业消费需求分别为 93.86 亿元和 71.31 亿元，图 5-3 中马鞍山市附近的场强等值线分布也较芜湖市附近稀疏，这在一定程度上反映了休闲农业消费场强分布与城市的休闲农业消费能力正相关。

值得注意的是，2015 年镇江的潜在消费需求为 107.74 亿元，远小于周围的南京（161.26 亿元）、常州（134.13 亿元）、无锡（143.57 亿元）和苏州（170.21 亿元），但是镇江附近的休闲农业消费场强很大，与南京、常州、无锡、苏州相似，由此得出镇江的休闲农业有待进一步开发。

二、基于单场源和多场源的消费场强比较

南京市靠近长三角城市群的中心位置，作为六朝古都，休闲旅游资源丰富且颇具特色，开发潜力较大。为研究多场源叠加对某区域休闲农业的影响，我们以南京市为研究对象，研究休闲农业消费场强在南京不同方向上的变化情况。

在单场源的情况下，由图 5-4 可知，休闲农业消费场强呈现以城市中心为圆点的同心圆圈层变化，距离市区越远，等场强线越稀疏，变化越缓慢；距离市区越远，场强值越低，反之亦然。距离市中心 20 千米以内的近郊区，场强值较高，而后随着距离增大逐渐减少，整体呈现辐射衰减的形态。从市区边界处到距离市中心 15 千米处，场强值几乎呈现线性下降状态，从最高处的 3000 万元/平方千米下降至 1000 万元/平方千米。在距离市中心 15～40 千

米处，场强衰减速度逐渐趋缓，在距离市中心 20 千米处场强衰减速度出现一个拐点，该处场强值约为 600 万元/平方千米，在距离市中心 40 千米以外，场强变化缓慢且逐渐趋近于 0。

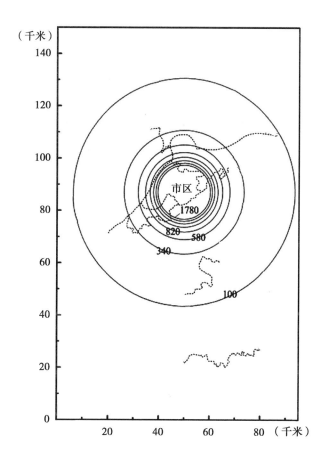

图 5-4 单场源下南京市休闲农业消费场强空间分布

资料来源：笔者根据《南京统计年鉴》《中国休闲农业年鉴》以及场强模型整理计算得到。

在多场源叠加的情况下，由图 5-5 可知，休闲农业消费场强整体上呈现中心辐射衰减形态，即以南京城区为中心向各方向衰减。其中，在西南和正东方向，由于受到两个场源（马鞍山市、镇江市）的影响，场强的衰减速度比其他方向慢。

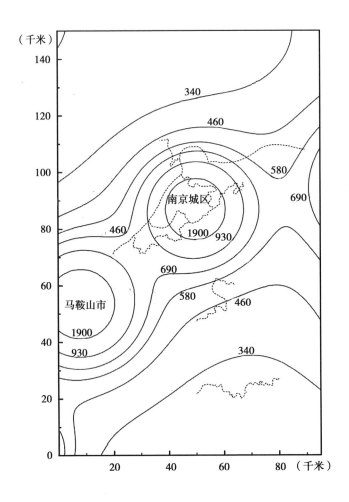

图5-5 多场源叠加下南京市休闲农业消费场强空间分布

资料来源：笔者根据《南京统计年鉴》《中国休闲农业年鉴》以及场强模型整理计算得到。

为了进一步研究休闲农业的消费场强在各方向上的变化情况，笔者以南京市政府为中心，根据正东方向为0°、逆时针方向为正方向的标准，选取

60°、180°和300°三条射线为研究对象，对休闲农业的消费场强做上述方向的变化图像，如图5-6所示。本书假设南京市主城区（玄武区、秦淮区、建邺区、鼓楼区）不具有休闲农业旅游开发资源，所以其消费场强为0。为简化城区地理形状的影响，假定以主城区（南京市政府为代表地）为圆点，以 r_0 为半径的圆形面积，$r_0 = (S_i / \pi)^{1/2}$。S_i 为主城区面积（见附表2-1），r_0 表示以市中心为原点的市区范围界限（计算得到 $r_0 \approx 9$ 千米）。

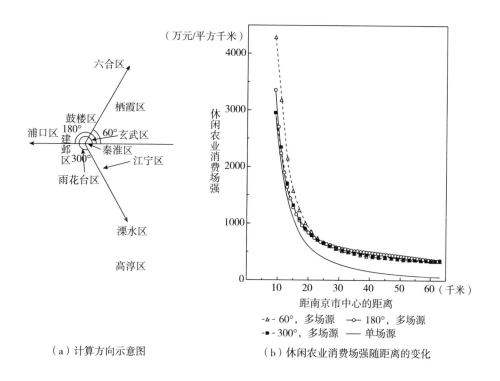

（a）计算方向示意图　　　　　（b）休闲农业消费场强随距离的变化

图5-6　休闲农业消费场强在不同方向上的变化

对于多场源叠加后的休闲农业消费场强与距离之间的变化规律，笔者分析得到场强随距离增大缓慢衰减，其在不同方向上的衰减速度略有不同。在距离市中心20千米的范围内，60°、180°和300°三个方向上的场强随着距离迅速衰减，其中 60°方向上的场强变化最大，由 4300 万元/平方千米下降至 900 万元/平方千米，300°方向上的场强变化最小，由 3000 万元/平方千米下降至 800 万元/平方千米。以上三个方向上的场强在距离市中心约 25 千米处达到一个相同的值，大约为 700 万元/平方千米。在距离市中心 40 千米以外，上述三个方向上的场强变化缓慢，场强值逐渐趋同。

由上述分析可知，可在距南京市中心 20 千米范围内进一步开发郊区休闲农业资源，且在南京市东北方向更具有投资开发价值。距离市中心 40 千米以外区域的休闲农业，基本同质化。如果考虑在距离市中心 40 千米以外投资开发休闲农业，那么需要结合郊区自身的要素禀赋优势，如历史文化资源、自然资源等。此外，在南京市 60°、180°、300°三个方向上的休闲农业客源基本上来源于南京市区，而较少来源于其他城市，场强随距离增大逐渐衰减。然而，南京市 0°和 210°方向上由于受到镇江和马鞍山两个城市的影响，场强会在距南京市中心较远处出现回升。因此，在这两个方向上布局休闲农业资源也是可行的。

第三节　消费场强与距离之间的关系解析

在具体的研究实践中，距离可以采用不同的度量单位，如绝对地理距离、旅行成本、旅行时间等。早期有关消费场强与距离之间的关系的研究，大多对距离变量进行了修正，将来源地与目的地之间的直线距离修正为包含交通工具、交通成本和旅行时间的距离函数（Stephen et al.，1988）。近年来，学者们通过拓展旅游距离因素的内涵，在空间距离之外引进了时间距离（Hall，

2008）、费用距离，并认为费用距离能更好地反映旅游产品的特殊性（白凯等，2011），或者通过引入成本加权距离取代空间直线距离（吴茵等，2006；邱岳等，2011），绘制旅游流距离衰减曲线，对旅游流的距离衰减现象进行演绎研究，得出距离核心城市越近，受力城市接受核心城市的辐射强度就越大（方大春和孙明月，2015）。简言之，基于不同角度，学者将影响旅游目的地引力的距离因素划分为空间距离、时间距离、政治距离、费用距离、权力距离、感知距离和文化距离等。

如前文所述，单一距离或者两个距离指标不适合本书的研究，高汝熹（1998）的通勤距离修正权数组合方式也不适用于本书。为了进一步明确休闲农业消费场强和距离的关系，下文将以南京市为例，分别做描述性分析、相关分析和回归分析。

一、描述性分析与相关分析

南京市休闲农业的消费强度、消费场强（消费场强测算结果详见附录3）以及距离等因素的描述性统计结果具体如表5-1所示，统计结果主要包括样本均值水平的反映（均值）、样本离散程度的代表（标准差和变异系数）以及样本分布特征（不同水平下的分位数）。

表5-1　描述性统计结果

变量名称	样本量（N）	均值（Mean）	标准差（SD）	变异系数（CV）	分位数				
					P1	P25	P50	P75	P99
消费强度	62	101.61	85.18	0.84	10.93	52.20	73.52	129.83	460.78
消费场强（三维距离）	62	177.24	225.96	1.27	15.16	45.72	98.78	203.58	1409.93
消费场强（直线距离）	62	996.60	2402.60	2.41	30.87	95.22	338.71	1001.91	16980.18

变量名称	样本量（N）	均值（Mean）	标准差（SD）	变异系数（CV）	分位数				
					P1	P25	P50	P75	P99
三维距离	62	56.18	28.80	0.51	13.10	34.47	49.49	72.74	126.35
直线距离	62	35.07	24.34	0.69	3.77	15.54	26.73	50.41	88.54

注：①Mean 和 P50 代表变量的平均水平，两者越接近说明样本偏移性越小；②CV 代表变异系数，具体为标准差与样本均值的比值，CV 越大变量内部差异越大；③P1、P25、P50、P75、P99 分别代表样本 1%、25%、50%、75% 以及 99% 分位数。

从表 5-1 可以看出，南京市休闲农业消费强度的平均水平维持在 101.61，与此相对应的是，休闲农业消费场强的平均水平则分别为 177.24（基于三维距离）、996.60（基于直线距离）。需要注意的是，基于直线距离（即 GIS 距离）得到的休闲农业消费场强的离散程度要明显大于基于三维距离（即 3D 距离）得到的休闲农业消费场强的离散程度，前者的变异系数为 2.41，而后者仅为 1.27。

二、消费场强和距离的相关分析

基于消费场强和距离（三维距离、直线距离）的计算结果（见附录 3），可绘制距离和消费场强的关系图（见图 5-7）。

从消费场强和距离的关系上来看，消费场强均随着距离的增加逐渐衰减，且消费场强随三维距离增大的衰减较直线距离更为平缓。图 5-7（a）中，从市区边界处到距离市中心 20 千米的三维距离处，消费场强几乎呈现直线下降状态，从最高处的 1500 万元/平方千米下降至 580 万元/平方千米。其中，距离市中心 20~40 千米处消费场强开始处于快速下降状态，其中距离市中心 30 千米处消费场强的衰减速度出现一个拐点，该处场强值为 250 万元/千米，随后继续以较快的速度（平均速度为 6.17 万元/平方千米）下降，直至距离市中心处，在距离市中心 60~120 千米处的消费场强基本上处于相对平缓的下

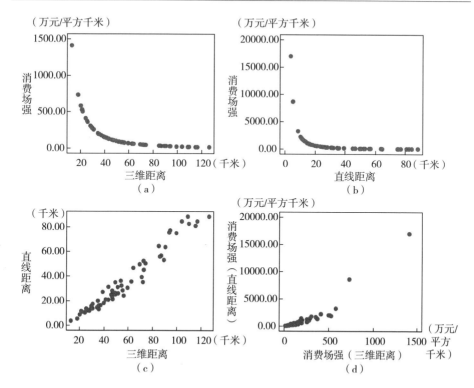

图 5-7 距离（直线距离、三维距离）与消费场强的关系

降状态。在距离市中心 120 千米外，消费场强值接近于 0，即市中心对城郊休闲农业的消费辐射作用基本可忽略。再观察图 5-7（b），消费场强也随距离衰减。距离市中心 5~10 千米处，消费场强同样呈现线性快速下降状态，距离市中心 10~20 千米处的消费场强的下降速度逐渐趋缓，距离市中心 20~40 千米处的变化则非常缓慢。从距离市中心 40 千米处向更远的郊区延伸时，消费场强值接近于 0，即几乎不存在休闲农业的消费需求。

从总体上来看，消费场强与距离所呈现的衰减关系表现出较为明显的指数变化趋势，但仍然需要注意的是，样本中存在个别极端数值，即当距离非常小时，距离下降一个单位，场强的增加量却非常大。此外，当三维距离超过 60 千米时，消费场强几乎为 0，而当直线距离超过 30 千米时，消费场强也几乎为 0。

在描述性统计分析的基础上，我们进一步考虑了消费场强、消费强度和距离之间的关系。通过皮尔逊相关分析得到具体的结果（见表 5-2），结果显示：在不控制其他因素的前提下，单纯的线性相关分析并不能有效刻画消费场强、消费强度与距离之间的关系，基于三维距离的消费场强和基于直线距离的消费场强呈现显著的正向关系，且不论是基于三维距离还是基于直线距离的消费场强，它们和三维距离及直线距离均呈显著的负向关系，其相关系数分别为 -0.666、-0.445 和 -0.603、-0.404。

表 5-2 场强与距离的相关分析

	消费强度	消费场强（三维距离）	消费场强（直线距离）	三维距离	直线距离
消费强度	1.0000				
消费场强（三维距离）	-0.1080	1.0000			
消费场强（直线距离）	-0.1100	0.917^{***}	1.0000		
三维距离	0.0430	-0.666^{***}	-0.445^{***}	1.0000	
直线距离	0.0140	-0.603^{***}	-0.404^{***}	0.977^{***}	1.0000

注：$***$、$**$ 和 $*$ 分别表示在 1%、5% 和 10% 的水平下显著。

另外，由表 5-2 也可以看出基于直线距离得到的消费场强与基于三维距离得到的消费场强并不能同时纳入模型。因为它们之间的相关系数高达 0.917，如果将这两种场强同时纳入后续的回归分析中，将会产生严重的多重共线性问题，从而造成估计结果的偏差。因此，不能将以上两种不同的场强同时纳入模型进行回归分析。同理，三维距离和直线距离也不能同时纳入模型进行分析，因为它们的相关系数为 0.977。

三、消费场强与消费强度的回归分析

为对消费场强与消费强度进行回归分析，构建如下模型。

$$\text{Consintensity}_{i,t} = \alpha + \beta \times \text{Filed}_{3Di,t} + \sum \text{RegionDummy}_{i,t} + \varepsilon_{i,t} \qquad (5.5)$$

$$\text{Consintensity}_{i,t} = \alpha + \beta \times \text{Filed}_{GISi,t} + \sum \text{RegionDummy}_{i,t} + \varepsilon_{i,t} \qquad (5.6)$$

对于回归分析的估计方法，本节采用普通最小二乘法（OLS）和加权最小二乘法（WLS）进行估计。需要注意的是，本节之所以采用 WLS 估计是因为在三维距离与场强的散点图中存在着部分较为极端的异常值，WLS 可以恰当地处理这些异常值造成的模型估计的偏误进一步提高模型估计的准确性。表5-3 给出了具体的估计结果：通过对比模型 1 和模型 2 可以看出，基于三维距离的消费场强对消费强度均表现出了显著的正向影响关系，其系数估计值分别为 0.1435（P<0.05）和 0.1115（P<0.05），虽然 WLS 估计量明显小于 OLS 估计量，但后者的调整后的 R^2（0.3746）却远大于前者（0.1776），高出 0.1970 个单位。因此，WLS 估计更能恰当地解释基于三维距离的消费场强对消费强度的影响。同理，在模型 3 和模型 4 中，基于直线距离的消费场强也对消费强度表现出了显著的正向影响关系，其系数估计值分别为 0.0057（P<0.10）和 0.0024（P<0.01），WLS 调整后的 R^2 高于 OLS 调整后的 R^2 0.3804 个单位。

表5-3 消费场强与消费强度之间的回归分析

解释变量	模型 1	模型 2	模型 3	模型 4
	OLS 估计	WLS 估计	OLS 估计	WLS 估计
消费场强（三维距离）	0.1435 ** (0.0670)	0.1115 ** (0.0479)		

解释变量	模型 1	模型 2	模型 3	模型 4
	OLS 估计	WLS 估计	OLS 估计	WLS 估计
消费场强（直线距离）			0.0057*	0.0024***
			(0.0029)	(0.0007)
截距项	141.5214***	84.9574***	149.2015***	91.0585***
	(40.6359)	(8.4131)	(41.7680)	(8.0080)
地区效应	控制	控制	控制	控制
样本量	62	60	62	56
调整后的 R^2	0.1776	0.3746	0.1290	0.5094
F 统计量	5.8731	8.1825	8.5805	18.6223

注：模型 2 和模型 4 中消费场强对消费强度的影响的系数估计值在 10% 的水平下存在显著性差异，其差异性检验的卡方统计量为 3.5108（P=0.0610<0.10）；***、** 和 * 分别表示在 1%、5% 和 10% 的水平下显著；括号内的数值为异方差自相关稳健标准误。

综上所述，本节认为无论是出于何种方式计算得到的消费场强，其与消费强度均有着显著的正向关系，即随着消费场强的增加，消费强度也不断增加。以模型 4 为例，在控制地区异质性的前提下，基于直线距离的消费场强每增加 1 个单位，消费强度就增加 0.0024 个单位。另外，需要注意的是，模型 2 与模型 4 中消费场强对消费强度的影响的系数估计值在 10% 的水平下是存在显著性差异的，即基于不同距离要素计算的消费场强对消费强度的影响是存在差异的。

图 5-8、图 5-9 给出了未控制地区异质性和控制地区异质性两种情况下的三维距离、直线距离与消费强度之间的关系散点图，可以看出：在未控制地区异质性的情况下，消费强度与距离呈现出了一定程度的正向关系，而控制地区异质性后，两者便变成负向关系。根据前文的假说及分析可知，未控制地区异质性的结论是有偏的，因此在研究消费强度与消费场强之间的关系时，控制地区异质性是十分有必要的。

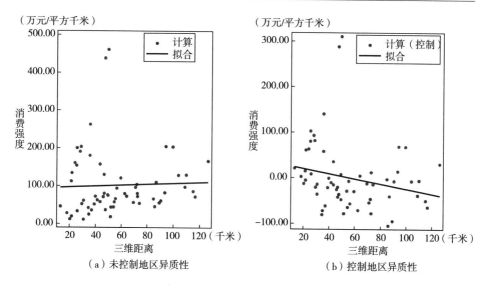

图 5-8 三维距离与消费强度

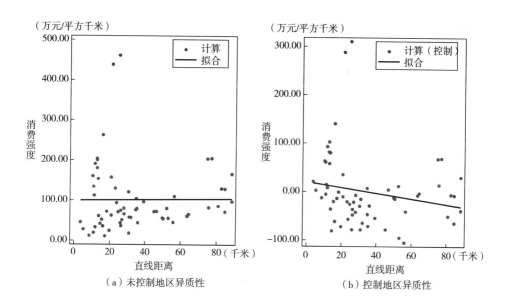

图 5-9 直线距离与消费强度

更进一步地，我们考察了三维距离与消费强度以及消费场强之间的关系，

表 5-4 给出了在控制地区异质性情况下的回归估计结果，可以看出（以 WLS 估计量为解释模型）：三维距离对消费强度的影响显著为负，其系数估计值为 -2.0061（P<0.01），即三维距离每增加 1 个单位，消费强度就下降 2.0061 个单位。同理，三维距离对消费场强也有显著的负向影响，其系数估计值为 -2.2818（P<0.01），即三维距离每增加 1 个单位，消费场强就下降 2.2818 个单位。综上所述，验证了休闲农业消费场强随着市区到郊区三维距离的增加而逐渐衰减。

表 5-4 距离与休闲农业消费强度、消费场强之间的回归分析

解释变量	模型 1	模型 2	模型 3	模型 4
	OLS 估计	WLS 估计	OLS 估计	WLS 估计
三维距离	-3.7077***	-2.0061***	-6.2697***	-2.2818***
	(1.0527)	(0.4392)	(1.4510)	(0.2703)
截距项	397.9091***	231.0631***	481.4249***	215.3440***
	(98.6901)	(30.6710)	(96.8274)	(17.4216)
地区效应	控制	控制	控制	控制
样本观测	62	60	62	53
调整后的 R^2	0.3805	0.4798	0.6576	0.9491
F 统计量	10.9490	20.3970	14.4929	87.1051

注：模型 1 和模型 2 显示的是三维距离对消费强度的影响，模型 3 和模型 4 显示的是三维距离对消费场强的影响，它们的系数估计值在 1%、5% 及 10% 的水平下均不存在显著性差异，其 Wald 卡方统计量为 0.4483（p=0.5031>0.10）；***、** 和 * 分别表示在 10%、5% 和 1% 的水平下显著；括号内的数值为异方差自相关稳健标准误。

另外，我们还采用 Wald 卡方检验考察了三维距离对消费强度、消费场强的影响，检验结果显示在 10% 的显著性水平下，三维距离对消费强度的影响，以及三维距离对消费场强的影响在统计意义上十分一致，其检验的卡方统计量为 0.4483（p>0.10）。

从模型的拟合优度来看（以 WLS 为例），在控制地区异质性的前提下，基于三维距离得到的消费场强对消费强度的拟合偏差更大，而基于直线距离得到的消费场强对消费强度的拟合偏差更小，前者的拟合优度为 0.3746，而后者高达 0.5094，两者相差 0.1348 个单位（见表5-3）。

从三维距离和直线距离来看，两者都能验证距离衰减规律，从拟合优度上看，通过直线距离得到的消费场强对消费强度的拟合偏差更小，解释力度更强。但是通过系数可以得到，基于三维距离的消费场强对消费强度的影响更大。

我们从理论上假设所研究区域的场强是均质的，即区域内任意一点受中心区域辐射的机会均等。而在实际情况下，城市的辐射会因交通的可达性、密集性，行政边界的障碍快速衰减，甚至阻断，也会因高速公路等快速通道的建设而迅速增强。通过对三维距离和直线距离的回归结果可知，市区对区域内任意一点的辐射并不随着空间直线距离的增加而简单平滑递减，尽管郊区接受市区辐射的直线距离相等，但是由于障碍，郊区所接受到的辐射力仍然是有差异的。因此，基于时间、空间和费用距离加权于一体的三维距离来表达休闲农业消费场强的增长路径是更为合理的方式。

综上所述，面对同质化的休闲农业，城市居民一般会选择距离更近、旅程时间更短、出行更为方便（即三维距离最短）的城市郊区休闲农业。本章的研究结论说明，越靠近城市中心的近郊休闲农业越能吸引消费者，从而产生更强的消费场强。比较郊区休闲农业的消费强度和消费场强，可以推测某地还有多大的旅游消费空间有待挖掘。据此，可以判断哪些郊区的休闲农业的建设有待加强或者发展较为优越，这些休闲农业项目能在多大程度上吸收周围的消费市场。

第六章　城市郊区休闲农业消费强度的叠加效应分析

　　第五章的消费场强分布分析，明晰了休闲农业消费场强随距离的增加而衰减的规律，发现在控制地区异质性的前提下，随着消费场强的增加消费强度也不断增加。然而，根据第三章对休闲农业现状的分析以及第五章对消费场强空间分布特性的分析不难发现，某地区的消费场强虽然高于其他地区，但这并不意味着其休闲农业的消费强度一定高于其他地区。究其原因，消费场强基本只受城市消费能力和距离影响，然而消费强度还受郊区各方面因素的影响，具体影响程度如何，有何影响，本章将进行详细论证，分析结果可以为区域休闲农业的发展指明方向。

第一节　消费场强与消费强度的叠加效应关系

一、消费场强与消费强度的辩证关系

休闲农业消费场强是客观存在的，而休闲农业消费强度是实际发生的，是能够直接在日常生活中被人们观测和体会到的，休闲农业的消费强度受景点建设状况的影响。休闲农业消费场强的存在，可以理解为投资休闲农业可在一定范围内吸引客户，消费场强是能产生实际消费强度的基础。虽然存在消费场强，但休闲农业消费强度的大小，仍然会受到休闲农业景点建设情况的影响。

根据场强理论，同一距离圈内的场强是均匀分布的。不同圈层内的场强，通常距离城市越近场强越大，体现了距离衰减规律。消费场强的分布主要和城市质量以及距离有关，和休闲农业景点的分布并无关联；然而，消费强度的分布则与景点的分布密切相关，人们实际所观察到的休闲农业消费额，从一定意义上来讲是城市自身以及周围城市对休闲农业消费额的叠加。"消费场强"与"消费强度"两者的关系类似于"引力场"与"引力"的关系，消费强度反映消费潜力。

二、消费场强叠加效应与消费强度叠加效应的关系

区域发展行为在地理空间上是相互影响（依赖）的，是存在差异（异质）性的，一个区域的行为可能对另一个区域产生正的或负的外部性，从而

产生叠加效应。

根据物理学中的场强叠加原理，任意带电体系所激发的电场中某点的电场强度，等于该体系各个部分单独存在时在该点激发的电场强度的矢量和。点电荷系所产生的总电场的场强应等于各个点电荷场强的矢量和。场强叠加实际上就是力的叠加。

休闲农业中消费场强的叠加也是客观存在的、连续的，但是叠加的客体是异质性的。某郊区休闲农业的消费场强，叠加了本城市与邻近城市的消费场强。消费场强可反映休闲农业消费供给的健康发展程度，在一定程度上反映出休闲农业产业的前景。

我们所能观测到的休闲农业消费强度，会受到休闲农业景点建设情况以及邻近地区相关因素的影响，但这种邻近地区相关因素影响的叠加效应并非等同于消费场强的叠加效应。因为消费强度的叠加效应并不时刻发生，邻近地区相关因素的影响也不总是稳定的。基于上述的分析可以发现，通过理论推算得到的消费场强和实际的消费强度并不一致，前者反映出休闲农业尚有待挖掘的消费潜力。

三、消费场强与消费强度的异同性分析

关于休闲农业消费场强与消费强度的异同性，笔者选取南京郊区 2010～2015 年的数据进行分析，以此探视两者有何关联特征。根据第五章构建的休闲农业场强模型及第四章度量的三维距离，得到休闲农业的消费场强，根据休闲农业营业收入与用地面积的比值得到休闲农业消费强度的数据，下面将上述两组数据整理如下，具体如表 6-1 所示。

由表 6-1 可知，随着休闲农业消费场强的增加，消费强度总体上也在不断增加。该结论已在第五章中得到证实：消费场强和消费强度存在显著的正

向关系，两者均呈现距离衰减，体现了两者的相同之处。

表 6-1 2010~2015 年南京市休闲农业消费场强与消费强度对比

年份	地区	消费场强	消费强度	年份	地区	消费场强	消费强度
2015	浦口区	259.47	124.85	2012	浦口区	223.93	106.333
	栖霞区	81.26	120.87		栖霞区	76.743	113.60
	雨花台区	13.86	56.50		雨花台区	173.26	666.07
	江宁区	358.92	92.72		江宁区	253.13	64.06
	六合区	317.92	140.94		六合区	153.32	67.50
	溧水区	130.56	86.65		溧水区	140.60	92.59
	高淳区	118.34	146.32		高淳区	82.56	101.82
2014	浦口区	227.48	108.76	2011	浦口区	161.73	76.26
	栖霞区	180.57	272.54		栖霞区	59.59	86.96
	雨花台区	27.72	108.85		雨花台区	97.03	361.32
	江宁区	498.71	127.20		江宁区	211.57	53.018
	六合区	248.02	109.56		六合区	113.41	49.83
	溧水区	76.33	50.55		溧水区	114.49	75.11
	高淳区	99.07	122.31		高淳区	61.92	76.21
2013	浦口区	252.36	120.00	2010	浦口区	132.94	62.15
	栖霞区	103.83	155.59		栖霞区	54.17	83.98
	雨花台区	173.26	676.91		雨花台区	83.17	298.21
	江宁区	336.25	85.381		江宁区	162.46	39.97
	六合区	180.38	79.59		六合区	55.47	24.24
	溧水区	160.69	106.06		溧水区	92.39	60.57
	高淳区	112.83	139.17		高淳区	52.29	64.25

结合表 6-1 和图 6-1 可看出，休闲农业的消费场强和实际所观测到的消费强度是有差异的，多数情况下消费场强大于消费强度，但某些年份的个别地区，其消费强度高于消费场强，尤其是雨花台区，其消费强度已远超消费场强，此时市场基本已处于饱和状态，如果再进一步追加投资休闲农业，很

有可能导致亏损。

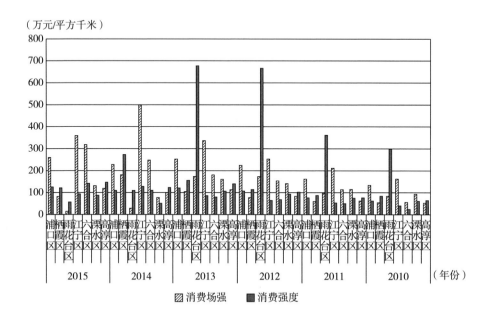

图 6-1　2010~2015 年南京市郊区休闲农业消费场强与消费强度对照

那么，是什么原因导致消费场强和消费强度的差异？如何确定和评估休闲农业发展的决定因素？

这主要与目的地消费强度的叠加有关。以往的研究主要关注休闲农业消费需求方面的因素，如消费者的收入、人口规模、单次消费额、从出发地到休闲农业目的地的距离，然而却忽略了供给方面的情况。事实上，为了满足消费者的异质性偏好，休闲农业目的地的情况也存在差异，休闲旅游的多元化或差异化对于游客前往不同休闲农业景点起到了关键性作用（Papatheodorou，2001；Smith，1994）。

目前，休闲农业市场的竞争越来越激烈，投资者更加注重对景点的差异化打造，并尝试提供不同类型的具有吸引力的休闲产品以吸引游客前往消费。

有研究认为，旅游消费者的评价与休闲农业景区的综合因素（如信息、景点文化、自然资源）密切相关（Cracolici and Nijkamp，2009）。

　　一般来说，休闲旅游也可视为服务贸易，与贸易一样，必须考虑市场的需求和供给两个方面。从消费需求角度上来看，前往过休闲农业景区的消费者通常会向其他潜在的消费者（如朋友或者亲戚）谈论自己的休闲旅游经历，从而降低了潜在消费者的不确定性。在这种情况下，休闲农业景区方面的信息就容易向邻近地区扩散。因此，空间叠加效应就产生了，它促使邻近地区的游客产生了前往该地区进行休闲旅游的消费倾向（Ryan，1995）。在相关营销文献中，消费者的反复采购或建议通常被称为消费者的忠诚度，被视为营销策略成功的关键（Oppermann，2000；Yoon and Uysal，2005）。此外，需要注意的是，邻近地区的消费者可能也会向他人分享他们类似的休闲旅游信息及消费体验。从经营者角度上来看，他（她）们通常也会考虑那些经常在本地及邻近地区流动的消费群体，从而有针对性地对邻近地区的游客设计项目，这可能引发空间的依赖性。除此之外，休闲农业自身也同样具备外部性特征，共享基础设施（高速公路、旅游设施）等。这一特征较容易使休闲农业在宏观层面上产生空间依赖，从而使地区间的消费叠加。

　　根据上述的分析，本章提出假说：休闲农业消费强度与邻近地区存在消费叠加效应；城市居民收入水平的提升促进了本地区休闲农业消费强度的提高；郊区休闲农业景点质量的提高可促进休闲农业消费强度的提升；郊区交通可达性的提高促进了本地区休闲农业消费强度的提升；邻近地区的城市人口密度的提高有助于本地区休闲农业消费强度的提升。

　　近年来不断发展的空间面板计量方法为量化分析上述叠加效应提供了一条可行途径（Anselin et al.，2008；LeSage and Pace，2009；Elhost，2010）。下文首先介绍空间计量模型，并对其在休闲农业方面的应用展开论述。

第二节　消费强度叠加效应模型设计

一、空间计量模型的类别

空间计量模型按照数据类型，可分为空间截面计量模型和空间面板计量模型。空间截面计量模型，见式（6.1）：

$$Y = X\beta + \mu \tag{6.1}$$

式中，Y 表示被解释变量；X 表示解释变量；β 表示回归参数；μ 表示正态分布的随机误差项。空间计量模型的核心思想就是通过考虑空间效应对式（6.1）进行修正。对空间自相关性和空间异质性判别与分析的方式差异，是空间计量经济学和传统计量经济学的重要区别所在。空间滞后模型（SLM）和空间误差模型（SEM）是空间计量经济学模型的两类基本类型。

如果本地区休闲农业消费强度由其邻近地区的消费能力及资源禀赋所决定，那么对于相邻地区间休闲农业消费强度是否存在叠加的判定研究可采用空间滞后模型（Spatial Lag Model，SLM）进行研究。其模型表达式如下：

$$Y = \rho WY + X\beta + \varepsilon \tag{6.2}$$

式中，Y 表示被解释变量；X 表示 n×k 阶自变量矩阵；β 表示回归参数，反映了解释变量对被解释变量的影响；W 表示 N×N 阶的空间权重矩阵；WY 表示空间滞后被解释变量，反映了空间距离对区域经济行为的作用；ρ 表示空间自回归系数；ε 表示随机误差项。Anselin 等（1996）指出，受文化环境与空间距离等迁移成本的影响，区域行为表现出很强的地域性。

空间误差模型：如果本地区休闲农业消费强度由其邻近地区的消费能力及资源禀赋所决定，且一些被忽略的误差项在空间上相关时，那么相邻地区休闲农业消费强度的观测误差对本地区休闲农业消费强度的影响程度如何，可采用空间误差模型进行研究。其一般表达式为：

$$Y = X\beta + \varepsilon,$$
$$\varepsilon = \lambda W \varepsilon + \mu,$$
$$\mu \sim N(0, \sigma^2 I)$$
$$\varepsilon = (1 - \lambda W)^{-1} \mu \tag{6.3}$$

整理得到式（6.4）：

$$Y = X\beta + (\ln - \lambda W)^{-1}\mu, \quad \mu \sim N(0, \sigma^2 \ln) \tag{6.4}$$

式中，邻近地区对本地区休闲农业消费强度的影响由参数 β 体现；参数 λ 表示 $n \times 1$ 阶的截面被解释变量向量的空间误差系数。这里需要明确的是，空间滞后模型通过自回归项来描述各经济区域空间的叠加作用，而空间误差模型通过各区域经济间的扰动误差来反映空间叠加作用（吴玉鸣，2006）。

空间面板滞后模型如下：

$$Y_{it} = \alpha_{it} + \rho W Y_{it} + X_{it}\beta_{it} + \varepsilon_{it} \tag{6.5}$$

式中，W 表示非负的 $N \times N$ 阶的空间权重矩阵，反映空间个体之间的相互依赖程度；WY_{it} 表示邻近地区休闲农业消费强度的空间加权滞后变量，用以体现邻近地区在地理空间上对本地区的影响；α_{it} 表示空间面板数据中的个体效应项，一般选择固定效应或者随机效应。模型中其他参数的含义与前文相同。

空间面板误差模型如下：

$$Y_{it} = X_{it}\beta + \mu_i + \phi_{it}, \quad \phi_{it} = \rho \sum_{j=1}^{N} W_{ij}\phi_{it} + \varepsilon_{it}, \quad \mu \sim N(0, \sigma^2 \ln) \tag{6.6}$$

至此，我们给出了空间计量模型的两种基本数据模型，合理运用空间计量模型进行分析的前提在于选择正确的空间数据模型。本章依照 Anselin 等提出的方法，进行拉格朗乘数（LM）检验，判别空间滞后模型的拉格朗日乘子（LM-lag）和空间误差模型的拉格朗日乘子（LM-Error）的统计显著性，如果前者更为显著则选择空间滞后模型，反之，选择空间误差模型。如果两个都通过了 LM 显著性检验，则进一步进行 Robust 稳健性检验，如果 Robust LM-Lag 比 Robust LM-Error 更显著，则选择空间滞后模型，反之选择空间误差模型。

除了拟合优度以外，对数似然函数（Log-Likelihood，LogL）、赤池信息准则（AIC）和施瓦茨准则（SC）也是我们常用的检验标准。一般而言，空间拟合效果会随着 LogL 值的增大以及 AIC 和 SC 的值减小而呈合理趋势。这几个指标也可以用来比较普通线性回归模型和空间滞后模型、空间误差模型的优劣，LogL 的值越大的模型越好。

在利用面板数据模型进行数据估计时，空间（Spatial）或个体（Individual）效应、时间（Time Period）效应两类非观测效应尤其值得注意。空间或个体效应反映的是具有随着空间（区域）变化，但不随时期变化的特征的变量（如区域发展）对休闲农业消费的影响；时间效应反映了具有随时期变化，但不随空间（区域）变化特征的变量对休闲农业消费的影响。依据对空间及时期非观测效应的处理，空间面板数据模型分为空间固定效应（Spatial Fixed Effects），空间随机效应（Spatial Random Effects），时间固定效应（Time Period Fixed Effects），时间随机效应（Time Period Random Effects），空间、时间固定效应（Spatial and Time Period Fixed Effects）以及空间、时间随机效应（Spatial and Time Period Random Effects）多种模型设定（Baltagi，2005）。

空间固定效应模型是目前常用的一类数据处理模型，该模型通过控制所有时间上不变的空间固定变量获得较高的估计精度，而典型的横断面研究由于忽略部分空间效应可能导致估计参数略有偏差（Elhorst，2009）。

　　这里我们采用 Hausman 检验来选取固定效应模型和随机效应模型。如果面板数据模型中不随时间变化的非观测效应解释变量与可观测效应的解释变量相关（个体固定效应的解释变量是内生），应采用固定效应模型，否则应采用全部的包含个体随机效应的解释变量（外生的随机效应）。另外，空间面板杜宾模型与空间面板滞后模型的选择采用 Wald_ spatial_ lag 和 LR_ spatial_ lag 检验方法进行，空间杜宾面板模型与空间误差模型的选择采用 Wald_ spatial_ error 和 LR_ spatial_ error 检验方法进行。

二、休闲农业消费强度空间面板模型设定

　　本章在借鉴已有模型的基础上，根据指标的代表性、可获取性等原则，构建了以下影响休闲农业消费强度叠加效应的空间计量模型：

　　传统计量模型假设样本是同质的并且是相互独立的，本章采用空间计量技术来控制空间依赖性与空间相关性，以避免虚假回归。目前常用的空间面板计量模型包括空间面板滞后模型和空间面板误差模型。

　　空间面板滞后模型通过自回归项描述参数预测过程中的叠加作用，以真实存在的空间效应分析空间相关性（吴玉鸣，2006），其表达形式如下：

$$P_{it} = \rho \sum_{j=1}^{N} W_{ij} P_{jt} + X_{it} \beta + \mu_i + \varepsilon_{it} \tag{6.7}$$

　　式中，P_{it} 表示休闲农业消费强度；W_{ij} 表示非负的 N×N 空间权重矩阵[①]，它反映了空间个体之间的相互依赖程度；$W_{ij} P_{jt}$ 表示邻近地区休闲农业消费强度的空间加权滞后变量，反映在地理空间上邻近地区对本地区的影响，为

---

　　①　空间计量文献通常要求空间权重矩阵经过行标准化处理，本章中所出现的 W 均是行标准化矩阵，每行元素之和为 1。

空间面板数据中的个体效应项，可以选择为固定效应或者随机效应；ρ 表示空间自回归系数；X_{it} 表示解释变量列向量，向量分别为城市人均 GDP、城市人口密度、交通可达性、自然环境、景点质量；i 表示休闲农业所在区或县；N 表示横截面数据样本；t 表示年份；β 表示回归参数，反映了解释变量对被解释变量的影响；μ_i 表示正态分布的随机误差向量；ε_{it} 表示随机误差项向量。

空间面板误差模型则是通过研究单元的扰动误差项来体现叠加作用，更多地侧重于从空间潜在效应分析空间相关性（吴玉鸣，2006），其表达形式见式（6.8），与空间面板滞后模型相对应，P_{it} 表示休闲农业消费强度，ρ 是常数，ε_{it} 表示随机扰动项，i 表示休闲农业所在区或县，X_{it} 为 n×k 自变量矩阵，参数 β 反映了自变量 X 对因变量 P 的影响。如下：

$$P_{it} = X_{it}\beta + \mu_i + \phi_{it}, \text{其中，} \phi_{it} = \rho \sum_{j=1}^{N} W_{ij}\phi_{it} + \varepsilon_{it} \tag{6.8}$$

此外，我们采用 Anselin（1988）建议的极大似然法对空间滞后模型进行估计。在构造似然函数时，过滤具有空间相关性的因变量和自变量，同时考虑到空间变量的二维性，可能导致联合似然函数并不等于各个观测值的似然函数的加总，引入 N×N 阶的雅可比行列式 ln | I-ρW | ，再对似然函数求一阶导数，解最大化问题，即可得到 $\hat{\beta}_i$ 与 $\hat{\alpha}_i$，对空间误差模型的估计思路也基本相同，从而检验休闲农业消费强度变化的主要影响因素。

空间杜宾模型（SDM）也是一种常用的空间计量模型，该模型包括被解释变量的滞后项以及解释变量的滞后项。空间杜宾模型不仅考虑了因变量的空间相关性，还考虑了自变量的空间相关性，即因变量不仅受到本地区自变量的影响，还受到其他地区自变量和因变量的影响。基于此，本章在空间视阈下，同时考虑空间依赖性与空间异质性，构造一般空间面板数据模型：

$$Y_{it} = \rho W Y_{it} + X_{it}\beta_{it} + WX\theta + \tau_i + \nu_t + \mu_{it}$$

$$\mu_{it} = \lambda W \mu_{it} + \varepsilon_{it} \tag{6.9}$$

式中，Y 表示因变量；WY_{it} 表示因变量的空间滞后项；WX 表示空间滞后自变量；ρ 表示空间自回归系数；W 表示 n×n 阶的空间权重矩阵；X 表示 n×k 阶的自变量矩阵；自变量 X 对因变量 Y 的影响程度通过参数 β 体现；θ 则反映了邻近地区的自变量对本地区因变量 Y 的空间影响程度；ν 表示用来度量个体随时间改变的时间效应；τ 表示用来衡量不随时间改变的个体效应；μ 表示随机误差项。对式（6.9）进行适当约束，可简化得到三类不同的模型。当 $\lambda = 0$ 时，简化为空间杜宾模型；当 $\theta = 0$，$\lambda = 0$ 时，简化为空间自回归模型或空间滞后模型；当 $\theta = 0$，$\rho = 0$ 时，简化为空间误差模型。Elhorst（2010）研究表明，如果 LM 检验拒绝了 OLS 模型，且空间滞后模型和空间误差模型皆可根据空间杜宾模型进行转换时，应该选择空间杜宾模型。下文将对这三种模型进行估计和比较，以加深对不同模型间关系的理解[①]。

对于时间上从单位 1 到单位 N 的第 k 个解释变量 X，其对应的 Y 的期望值的偏微分矩阵可以写成如下形式：

$$\left[\frac{\partial E(Y)}{\partial X_{1\kappa}} \cdot \frac{\partial E(Y)}{\partial X_{N\kappa}} \right] = (I - \rho W)^{-1} \begin{bmatrix} \beta_\kappa & \omega_{12}\theta_\kappa & \cdots & \omega_{1N}\theta_\kappa \\ \omega_{21}\theta_\kappa & \beta_\kappa & \cdots & \omega_{2N}\theta_\kappa \\ \cdots & \cdots & \vdots & \cdots \\ \omega_{N1}\theta_\kappa & \omega_{N2}\theta_\kappa & \cdots & \beta_\kappa \end{bmatrix} \tag{6.10}$$

根据 Y 对第 k 个解释变量的偏微分矩阵可以发现，如果某个特定单位中的特定解释变量发生了变化，则该单位自身的被解释变量和其他单位的被解释变量也会产生变化，前者称为直接效应，后者即为间接效应，分别体现于

① 笔者感谢 LeSage 和 Elhost 提供的空间计量 Matlab 工具包，文中空间计量相关检验和回归等操作均在 Matlab2010b 中实现。

上述偏微分矩阵中的对角线元素和非对角线元素。如果 $\rho=0$ 且 $\theta_\kappa=0$，则不存在间接效应，因为此时所有的非对角线元素都会变成零。如果 $\theta_\kappa\neq0$，则产生的间接效应被视为局部效应，因为它们是由于邻近单位的集合所产生的；与此相对应的是，在 $\rho\neq0$ 时所产生的间接效应被视为全局效应，受到非邻近区域的影响。基于此，为更好地识别出模型估计的直接和间接效应，本章总结了本章研究中各模型的效应计算公式，由表6-2可直观地发现直接效应和间接效应产生于 β 和 θ 两部分。

表6-2　不同模型设定的直接效应和间接效应

模型	直接效应	间接效应
混合回归模型	β_κ	0
空间滞后模型	$(I-\rho W)^{-1}\beta_\kappa$ 的对角线元素	$(I-\rho W)^{-1}\beta_\kappa$ 的非对角线元素
空间误差模型	β_κ	θ_κ
空间杜宾模型	$(I-\rho W)^{-1}(\beta_\kappa+W\theta_\kappa)$ 的对角线元素	$(I-\rho W)^{-1}(\beta_\kappa+W\theta_\kappa)$ 的非对角线元素

如果采用空间杜宾模型，特定解释变量的直接效应和间接效应也取决于这个变量空间滞后项的估计系数 θ_κ（见表6-2）。但要注意的是，直接使用因变量或自变量的空间滞后项的估计系数对消费强度的叠加效应进行检验是不恰当的，恰当的方法是使用基于偏微分矩阵得到的自变量间接效应的估计量进行检验，具体需要依据第 κ 个解释变量 n 次抽取的平均间接效应值及其对应的间接效应 t 值对原假设"H_0：不存在间接效应"进行检验，从而确定第 κ 个解释变量是否存在空间叠加效应（详细推导过程参见附录4）。

第三节 变量选择与空间权重矩阵选择

一、变量选择

本章选取休闲农业的消费强度作为被解释变量，并结合各地区单位面积上的休闲农业营业收入，以城市人均 GDP、城市人口密度、交通可达性、自然环境、景点质量作为解释变量。

（1）城市人均 GDP。作为经济发展的指标，预计人均 GDP 高的地区能提供更优质的公共服务，对休闲农业发展产生积极影响。

（2）城市人口密度。该变量通常用于衡量某个地区的拥挤程度，将此变量包含在本章研究的模型中主要用于评估过度拥挤是否会影响消费行为，以每平方千米的常住人口密度衡量。

（3）交通可达性。交通可达程度反映某个旅游景区是否容易到达，也是影响游客出游选择的一个重要因素。因此，本章用公路网密度衡量交通可达性，预期更高的可达性可以提高休闲农业的消费强度。

（4）自然环境。有研究指出，景区优美的自然环境更容易吸引游客（Brau and Blake，2008；Hughes，2002），自然环境以国家级和省级公园数量衡量。

（5）景点质量。将休闲农业景区所能提供的农事庆祝活动的数量作为衡量指标。

各变量的解释具体如表 6-3 所示。

表 6-3　模型变量选取及相关描述

	变量名称	变量描述	预期影响	数据来源
被解释变量	消费强度			笔者根据单位国土面积上的休闲农业消费额整理得到
解释变量	城市人均 GDP		+	江苏省各市统计年鉴
	城市人口密度	每平方千米的常住人口密度		江苏省各市统计年鉴
	交通可达性		+	《江苏交通年鉴》
	自然环境	国家级和省级公园数量		江苏省农业农村厅
	景点质量	所提供的农事庆祝活动的数量	+	江苏省农业农村厅
变量系数	ρ	叠加效应衡量指标		
	λ	空间误差作用衡量指标		
权重矩阵	基于引力模型的权重矩阵			
	基于地理距离倒数的权重矩阵			
	基于经济距离的权重矩阵			
	邻接权重矩阵			

注：国土面积数据来自江苏省各市国土资源统计局；休闲农业消费额数据来自江苏省农业农村厅（原名江苏省农业委员会）；表中所述江苏省各市分别为南京市、无锡市、徐州市、常州市、苏州市、南通市、连云港市、淮安市、盐城市、扬州市、镇江市、泰州市、宿迁市。

空间权重矩阵所使用的距离矩阵的数据来自江苏省 79 个县城间的地理距离数据，根据 ArcGis 软件定位查询各个区政府所在地之间的空间距离表示为 d_{ij}；地理距离根据 Google 卫星地图数据获得。

二、空间权重矩阵的选择

选择适当的空间权重矩阵对于应用空间面板计量方法来说是一个难点。既有研究中通常使用的空间权重矩阵有二分 Rook 邻接矩阵、K-nearest 邻接矩阵、距离矩阵（Anselin，2003）、负指数矩阵以及负幂律矩阵等（陈彦光，2009）。事实上，不同形式的权重矩阵代表了对空间经济联系机制的不同假设，因而权重矩阵的选择会对估计结果产生较大影响。邻接矩阵为早期空间计量操作的常用选择，认为只有相邻的区域才会存在空间叠加效应。这一假设过于严苛，因此仅适合分析具有明显边界划分的空间问题。针对一般性的经济问题，学者们开始关注外部性作用（金煜等，2006）。王欣等（2006）、陆铭等（2011）及陆铭和向宽虎（2012）以新经济地理学理论为基础，通过经验分析指出，中国区域发展过程中地理距离对经济的空间分布有较显著的影响，中心区域对外围的辐射效应呈现出随距离衰减的特征。基于此种认知，随距离衰减的权重矩阵逐渐在国内得到应用（洪国志等，2010）。

Elhorst（2010）对权重矩阵的优选方法进行了总结，认为选择"正确的"权重矩阵可以依据拟合优度、最大似然值等判定指标进行，即可以利用数据集本身，通过优化算法构造空间权重矩阵。本书认为旅游消费问题的空间效应具有全局性，不同区域的旅游人口交叉流动，一个地区的旅游消费强度可被周边其他地区观测到，因此不相邻的区域间也会存在相互作用，但距离会削弱影响力度，因此选择基于距离的权重矩阵会包含更多的经济意义，而连续性距离权重相较离散权重可以增加回归系数的稳定性（Charlton et al.，2006）。因此，笔者认为，基于引力模型构造的权重矩阵［见式（6.11）］契合本章的研究主题，且其对地区经济相互关联的统计描述具有一定的优越性，能较好地反映变量的作用随着空间距离增加连续衰减的规律。

$$w_{i,j} = \begin{cases} \dfrac{G}{d_{i,j}^2}, & i \neq j \\ 0, & i = j \end{cases} \tag{6.11}$$

式（6.11）所示的矩阵认为区域（或城市）间的联系不仅与两者的距离相关，而且受区域经济活跃程度的影响。本章对经济活跃程度根据样本期内两地区的人均 GDP 均值的乘积来表示，即 G，使用人均指标是为了消除规模大小的影响。

第四节　空间面板计量模型的估计结果与分析

一、空间面板模型的估计

本节采用 2010~2015 年的面板数据对模型进行估计。为了便于比较，本节不仅对标准面板数据模型进行混合回归、固定效应和随机效应模型进行回归估计，也对式（6.7）~式（6.9）进行空间固定回归、时间固定回归以及时空固定回归估计。在回归方法的选择上，采用标准面板数据模型的普通最小二乘估计（PLS）以及空间面板数据模型的极大似然值估计（ML）方法（Elhost，2009）。空间面板数据计量经济模型的估计及检验借助 Matlab2010a 软件实现，见表6-4。

表6-4　休闲农业消费强度的非空间的普通面板模型估计结果

变量名称	混合回归	固定效应	随机效应	空间固定回归	时间固定回归	空间和时间固定回归
城市人均 GDP	0.8387***	0.8116***	0.8743***	0.8116***	0.7750***	0.3659**
	(7.6395)	(8.198)	(7.004)	(5.9234)	(6.9045)	(2.3277)
城市人口 密度	0.1305	0.0057	0.0399	0.0057	0.1487*	−0.0187
	(1.6384)	(0.104)	(0.552)	(0.0789)	(1.8482)	(−0.2590)
自然环境	0.3803***	−0.0594	0.1001	−0.0594	0.3835***	−0.0871
	(3.2758)	(−1.349)	(0.765)	(0.4322)	(3.3307)	(−0.6554)
景点质量	0.2189***	0.0928**	0.1351**	0.0928	0.2052***	0.0096
	(3.6504)	(2.151)	(2.241)	(1.5418)	(3.4386)	0.1604
交通 可达性	0.4377***	0.1200***	0.1923*	0.1200	0.4706***	0.1400
	(3.4542)	(2.699)	(1.881)	(1.2497)	(3.7086)	1.4923

续表

变量名称	混合回归	固定效应	随机效应	空间固定回归	时间固定回归	空间和时间固定回归
截距项	-2.0193***	0.8510*	0.0106			
	(-2.7271)	(1.755)	(0.014)			
R^2 值	0.2645	0.0845	0.0808	0.0845	0.2462	0.0183
似然值（ML）	-837.1066			-602.4961	-833.3133	-585.1444
DW 值	1.3670			1.1555	1.3801	1.2173
无空间滞后模型 LM 检验	16.6604***			131.4038***	51.0721***	69.1886***
无空间滞后模型 LM 稳健性检验	1.5627***			16.4015***	0.7196***	0.0262***
无空间误差模型 LM 检验	46.9494***			115.0965***	60.5780***	70.6453***
无空间误差模型 LM 稳健性检验	31.8517***			0.0942***	10.2254***	1.4829***

注：①括号内为 t 值；②***、**和*分别表示在 1%、5% 和 10% 的水平上显著，似然值为对数最大似然值；③以上各解释变量均已通过对数处理。

按照前述步骤，首先，判断选用的面板数据计量模型。本节采用 Hausman 检验，检验结果为 12.56，即具有 5% 的显著性水平，表明个体效应与解释变量有关，因此需采用固定效应。此外，表 6-4 的 R^2 值显示，固定效应的 R^2 值要优于随机效应，故应选择固定效应模型。

其次，需进一步判断选用空间面板滞后模型还是空间面板误差模型。从表 6-4 标准面板混合回归的 LM 检验及其 Robust 检验结果可以看出，空间面板滞后模型均通过了 1% 的显著性水平检验，而空间面板误差模型也通过了 1% 的显著性水平检验，表明在空间和时间固定效应模型中，任意一种方法的估计选择都有存在空间相关性的可能。为进一步对"最适"模型做出判断，根据 Elhost（2010）的结论，此时较优的选择是对更具普遍意义的空间面板杜宾模型进行检验估计，结果如表 6-5 所示。

表6-5　休闲农业消费强度的空间面板杜宾计量模型估计结果

变量	空间面板杜宾模型				空间面板滞后模型			
	无固定效应Ⅰ	空间固定效应Ⅱ	时间固定效应Ⅲ	空间时间固定效应Ⅳ	无固定效应Ⅴ	空间固定效应Ⅵ	时间固定效应Ⅶ	空间时间固定效应Ⅷ
截距项	-2.7496				-2.8214***			
	(-1.5313)				(-4.1079)			
城市人均GDP	0.6040***	0.2864*	0.5889***	0.2876*	0.4799***	0.3972***	0.4780***	0.3014*
	(3.5834)	(1.7394)	(3.4776)	(1.7335)	(4.4410)	(2.9435)	(4.3555)	(1.9014)
城市人口密度	-0.0114	-0.0580	-0.0309	-0.0657	0.0593	-0.0094	0.0609	-0.0238
	(-0.1318)	(-0.7159)	(-0.3530)	(-0.7575)	(0.8073)	(-0.1349)	(0.8074)	(-0.3271)
自然环境	0.0842	-0.0998	0.0880	-0.1044	0.1952*	-0.1074	0.1991*	-0.1075
	(0.7531)	(-0.8186)	(0.7851)	(-0.8516)	(1.8244)	(-0.8069)	(1.8468)	(-0.8023)
景点质量	0.2085***	0.0058	0.2053***	0.0023	0.1927***	0.0167	0.1907***	0.0008
	(3.6510)	(0.1053)	(3.5934)	(0.0424)	(3.4764)	(0.2867)	(3.4067)	(0.0132)
交通可达性	0.5084***	0.1242	0.5063***	0.1239	0.4420***	0.1125	0.4572***	0.1228
	(4.3528)	(1.4311)	(4.3208)	(1.4187)	(3.7770)	(1.2092)	(3.8432)	(1.2978)
邻近地区的城市人均GDP	-0.4223	0.1863	-0.5421	0.1323				
	(-1.3540)	(0.5574)	(-1.6207)	(0.3058)				
邻近地区的城市人口密度	0.5212**	0.1777	0.8034***	0.2382				
	(2.1035)	(0.8379)	(2.7569)	(0.7186)				
邻近地区的自然环境	1.2458***	0.4262	1.2551***	0.3798				
	(3.2363)	(0.9800)	(3.2415)	(0.8299)				
邻近地区的景点质量	0.1372	0.1597	0.2041	0.1230				
	(0.7666)	(0.8211)	(1.1065)	(0.5650)				
邻近地区的交通可达性	-0.6623**	-0.1093	-0.7362*	-0.0375				
	(-2.2079)	(-0.5208)	(-1.9356)	(-0.1411)				
邻近地区的消费强度	0.5450***	0.6670***	0.5039***	0.6510***	0.6140***	0.7190***	0.5990***	0.7300***
	(7.2444)	(10.7537)	(7.1112)	(10.0415)	(9.4526)	(13.2987)	(10.0383)	(13.6147)
R^2值	0.3912	0.7838	0.3923	0.7835	0.3671	0.7840	0.3669	0.7854
似然值	-798.5185	-556.9834	-799.1985	-557.03	-809.7027	-562.5205	-812.2221	-557.7791

注：①括号内为t值；②***、**和*分别表示在1%、5%和10%的水平上显著，似然值为对数最大似然值；③以上各解释变量均已通过对数处理。

再次，判断空间面板模型应该选择固定效应模型还是随机效应模型。通过 Hausman 检验考察空间效应与解释变量之间的相关性结果显示：统计量为 550.7243（伴随概率为 0.0000），表明拒绝了个体效应与解释变量无关的原假设，需选择空间面板固定效应模型。可见，标准面板模型和空间面板模型的 Hausman 检验结果是一致的，固定效应模型更为可取。通过表 6-4 所示的各变量的检验结果可知，休闲农业消费强度的空间面板时间固定回归模型是各种模型中最为可取的。

最后，通过 Wald 检验和似然比检验（LR 检验）来判断空间面板杜宾模型是否可以简化为空间面板滞后模型和空间面板误差模型。检验结果显示：Wald 空间滞后值和 LR 空间滞后值分别为 37.9307 和 36.4387，伴随概率分别为 0.0000 和 0.0000，Wald 空间误差值和 LR 空间误差值分别为 1.5414 和 23.5669，其伴随概率分别为 0.1000 和 0.0000，分别通过了 10% 和 1% 的显著性水平检验，表明了空间杜宾面板模型较之空间滞后面板模型效果更好。

根据表 6-5 空间面板杜宾模型的估计及检验结果可知：时间固定效应空间面板杜宾模型Ⅲ的估计结果的对数似然值（似然值为 -799.1985）较其他空间面板杜宾模型相对较好，而且其拟合优度系数 R^2 值比无固定效应的空间面板杜宾模型高（0.3923），多数解释变量及空间滞后项通过 1% 的显著性水平检验，模型的经济学含义明确。因此，本书认为时间固定效应的空间面板杜宾模型Ⅲ是最适合进行休闲农业消费强度分析的模型，根据其系数估计结果展开解释是可以接受的。

二、时间固定效应结果的解释及分析

时间固定效应空间面板杜宾模型Ⅲ的估计结果从 R^2 值、似然值来看，模型的拟合效果较好，总体回归可信度较高，且捕捉到了邻近地区休闲农业消费强度对本地区产生正向的显著效应（0.5039），并通过了 1% 的显著性统计检验。这意味着在其他影响因素不变的条件下，邻近地区的休闲农业消费强度每提升 1%，即可促进本地区休闲农业消费强度上升 0.50%。表 6-5 的计量结果表明，对于休闲农业消费强度来说，郊区自身的条件非常重要，且与邻近地区存在着空间交互性，邻近地区休闲农业的消费强度对本地区休闲农业的消费强度具有影响。城市人均 GDP、景点质量、交通可达性（系数估计值均通过 1% 的正向显著性水平检验）均对消费强度的增长起到促进作用。城市人均 GDP（系数为 0.5889）的提高为休闲农业消费强度的提高提供了强有力的保障，在某种程度上也说明城市居民在收入增长的同时也渴望享受富有自然气息的田园式生活，以缓解和释放工作或学习所带来的压力。上述结果预示着提高休闲农业景点建设水平、丰富农事活动等可提升本地区休闲农业的消费强度，其结果与预期的影响一致，能带动本地居民的休闲农业消费。除此之外，交通状况的改善，为城市居民的出行提供了便利，在一定程度上节约了消费成本，从而刺激了旅游消费。按照一般假设，郊区自然资源丰富的地区，其休闲农业消费强度的叠加效应应该为正，然而模型中自然环境的估计结果并不显著；与之相对应的是，人为创造优厚条件的增长效应非常显著，这让我们更加深刻地意识到休闲农业景点的质量是多么重要。但是城市人口密度仅对空间交互项具有明显影响，未给本地区的休闲农业消费带来明显的推动作用。这可以解释为，人口密度的高或低主要通过空间交互途径产生的。休闲农业主要发生在郊区，前往旅游的消费者通常为所在城市居民或者近邻城市居民。近年来，随着我国交通工具的迅速发展，消费者近邻跨区域流动的作用日益突出。

表 6-5 的时间固定效应模型Ⅲ估计结果还显示：被解释变量的空间滞后项系数通过 1% 显著性水平检验，这意味着基本上存在叠加效应，即休闲农业

消费强度在空间上对邻近地区的休闲旅游消费产生影响。

三、基于引力模型构造权重矩阵的空间面板杜宾模型的直接效应和间接效应检验

为进一步明确空间效应是否真实存在，本部分通过解释变量的间接效应来检验叠加效应是否存在。笔者通过基于引力模型构造权重矩阵的空间面板杜宾模型，验证了空间效应中的直接效应、间接效应和总效应，并对其叠加效应进行了检验（见表6-6）。

表6-6 基于引力模型构造权重矩阵空间面板杜宾模型的
直接效应和间接效应检验

	直接效应	间接效应	总效应
城市人均GDP	0.5619*** （3.5131）	−0.4805 （−0.8443）	0.0814 （0.1524）
城市人口密度	0.0120 （0.1514）	1.5643*** （2.9066）	1.5763*** （2.9943）
自然环境	0.1537 （1.3864）	2.5946*** （3.3522）	2.7483*** （3.5264）
景点质量	0.2228*** （3.8513）	0.6175 （1.6500）	0.8402** （2.2095）
交通可达性	0.4839*** （4.0212）	−0.9470 （−1.2349）	−0.4631 （−0.5731）

注：①***、**和*分别表示在1%、5%和10%的水平上显著；②括号内为t值；③以上各解释变量均已通过对数处理。

通过表6-6的直接效应，得到城市人均GDP、景点质量、交通可达性均通过了1%的显著性水平检验，其估计系数均为正，城市人均GDP、景点质量、交通可达性变量的直接效应分别为0.5619、0.2228、0.4839，这表明本地区城市居民人均GDP水平的提高有助于本地区休闲农业消费强度的提升，

本地区休闲农业景点举办农事活动有利于提升本地区休闲农业的消费力度，本地区交通可达性的改善也有助于本地休闲农业消费强度的增强。

根据 k 个 N×N 阶偏微分矩阵的分析结果可知，并非所有解释变量的空间效应测算结果都在统计意义上显著，但我们仍然能观察到城市人口密度和自然环境存在较为明显的叠加效应，均在 1% 的水平下显著。换言之，邻近地区人口密度的提高、自然生态环境的改善，均有助于本地区休闲农业消费强度的提高。我们可以观察到的现象有：在休闲农业的发展过程中，"毗邻资源模式"的休闲农业发展较好，它们借助于本地或相邻地区的名胜地的引力优势，吸引了多样客源，自然环境及名胜古迹是它们特有的资源优势。例如，一些依托著名景区、国家级省级公园开发的民俗村有可供开发的特色农业资源和特色文化，其休闲农业消费强度相对较高，能吸引大量游客前往观光旅游。

邻近地区人口密度的提高、自然生态环境的改善对本地区休闲农业消费强度的叠加效应对于驱动区域经济的可持续发展具有重大而又深远的意义。鉴于此，政府在制定本地区旅游产业发展策略时也应调研邻近地区的发展模式。在本部分的研究中，尽管叠加效应未在影响休闲农业消费强度的全部变量上得到体现，但我们仍然可以得到，区域经济改革发展应充分考虑周边地区的政策，本地区调整经济战略时，既需要全面考虑本地区的发展基础和需求，这是主动的一面，也要将周边区域的经济发展状况纳入考量范围，这是其被动适应的一面，这种主动、被动相结合的发展模式是当前中国区域旅游经济和农业经济发展十分显著的特点，理当引起决策者及相关研究人员的高度重视。

第五节　稳健性检验

一、空间权重矩阵

当前的空间计量经济学研究，并没有完全统一的权重矩阵的选择标准，下面本节将讨论权重矩阵变化对估计结果的影响。以往文献对空间权重矩阵的构造方式可归纳为：①基于地理特征，利用相邻关系建立权重矩阵（如地理邻接 0-1 矩阵），或利用地理距离基于倒数建立权重矩阵等；②使用经济距离建立权重矩阵。本节综合考虑地理距离倒数权重矩阵、经济距离权重矩阵和邻接权重矩阵，将区域的地理因素、经济发展水平、边界相邻关系都纳入考虑范畴内。

首先，考虑经济发展水平因素，选择城市人均 GDP 作为经济发展水平的度量指标，把所有城市的人均 GDP 按顺序排列，人均 GDP 接近的 m 个城市即为经济意义上的邻居。根据这一原则，建立权重矩阵 $W_{i,j}$：

$$W_{i,j} = \begin{cases} \dfrac{1}{|\,gdp_{im} - gdp_{jm}\,|}, & \text{如果 } i \neq j \\ 0, & \text{如果 } i = j \end{cases} \tag{6.12}$$

式中，$gdp_{im} = |\,gdp_i - gdp_m\,|$，$gdp_m$ 为第 m 个城市的人均 GDP。

其次，采用 0-1 邻接标准，考虑边界邻接关系的区域特征。

$$W_{i,j} = \begin{cases} 1, & \text{区域 } i \text{ 和 } j \text{ 相邻} \\ 0, & \text{区域 } i \text{ 和 } j \text{ 不相邻} \end{cases} \tag{6.13}$$

根据式（6.12）、式（6.13）计算的权重矩阵，下文通过基于引力模型的权重矩阵、邻接权重矩阵、地理距离倒数权重矩阵以及经济距离权重矩阵对空间杜宾模型重新进行估计，结果如表6-7所示。从表6-7中可以看出，除了经济距离权重矩阵，消费强度的空间滞后系数在各权重矩阵的估计情形下均在1%的水平上显著为正，表明消费强度具有空间相关性这一结果基本稳健，且捕捉到邻近地区休闲农业的消费强度对本地区产生正向的显著效应（0.5039），并通过了1%的显著性统计检验。这意味着在其他影响因素不变的条件下，邻近地区的休闲农业消费强度每提升1%，即可促进本地休闲农业消费强度上升0.50%。

表6-7　不同权重矩阵下的休闲农业消费强度的空间面板杜宾模型估计结果

变量	引力模型权重矩阵	邻接权重矩阵	地理距离倒数权重矩阵	经济距离权重矩阵
城市人均GDP	0.5889***	0.6930***	0.5169***	0.5025***
	(3.4776)	(4.0929)	(3.0417)	(2.6361)
城市人口密度	−0.0309	0.1370	−0.0404	0.0663
	(−0.3530)	(1.4657)	(−0.4549)	(0.8186)
自然环境	0.0880	0.1210	0.1052	0.3294***
	(0.7851)	(1.0728)	(0.9514)	(2.9262)
景点质量	0.2053***	0.1968***	0.1860***	0.2290***
	(3.5934)	(3.4798)	(3.2402)	(3.9584)
交通可达性	0.5063***	0.5238***	0.4998***	0.4501***
	(4.3208)	(4.3562)	(4.2863)	(3.6614)
邻近地区的城市人均GDP	−0.5421	−0.3090	−0.5276*	−0.0816
	(−1.6207)	(−1.4342)	(−1.6694)	(−0.2580)
邻近地区的城市人口密度	0.8034***	−0.0255	0.7125	0.6883***
	(2.7569)	(−0.1549)	(2.5456)	(3.5443)
邻近地区的自然环境	1.2551***	0.7300***	1.2243***	0.7722***
	(3.2415)	(3.9113)	(3.2137)	(2.9597)
邻近地区的景点质量	0.2041	−0.0733	0.2233	−0.1624
	(1.1065)	(−0.7389)	(1.2255)	(−1.0497)

续表

变量	引力模型权重矩阵	邻接权重矩阵	地理距离倒数权重矩阵	经济距离权重矩阵
邻近地区的 交通可达性	-0.7362* (-1.9356)	-0.3446 (-1.4326)	-0.6953* (-1.7085)	0.3803 (0.8262)
邻近地区的 消费强度	0.5039*** (7.1112)	0.3850*** (7.1873)	0.4990*** (6.3493)	0.0960 (1.3552)
R^2	0.3923	0.3947	0.3958	0.3301
调整后的 R^2	0.3093	0.2900	0.3236	0.3006
似然值	-799.1985	-799.5331	-796.2932	-815.3408

注：①括号内为 t 值；②***、** 和 * 分别表示在1%、5%和10%的水平上显著，似然值为对数最大似然值；③以上各解释变量均已通过对数处理；④以上模型均为时间固定效应空间杜宾模型估计结果。

根据表6-7的估计结果可知，通过经济距离权重矩阵估计出来的 R^2 值最小，似然值同样最小，从模型的优越性角度[①]考虑，经济距离权重矩阵的模型估计效果相对不理想。

由表6-7我们还可以发现，邻近地区的消费强度和本地区的城市人均 GDP、城市人口密度、自然环境、景点质量、交通可达性及邻近地区的城市人均 GDP 存在相关关系：一方面，对邻接权重矩阵（邻近地区消费强度系数为 0.3850）和引力模型权重矩阵（邻近地区消费强度系数为 0.5039）进行比较时，发现随着邻近地区消费强度系数的增大，上述各因素的系数基本在变小，对邻接权重矩阵和地理权重矩阵进行对比时，也能得到上述结论，但对引力模型权重矩阵和地理权重矩阵进行比较时，并不支持上述结论。另一方面，在对邻接权重矩阵和引力模型权重矩阵进行比较时，发现随着邻近地区消费强度系数的增大，邻近地区城市人均 GDP、城市人口密度、自然环境、景点质量和交通可达性系数的绝对值也在增大，在对邻接权重矩阵和地理权

---

①　Lee（2004）基于 Monte Carlo 模拟结果指出，调整后的 R^2 值和最大似然值可以作为空间加权矩阵优劣的判断依据。

重矩阵进行对比时，也能得到上述结论。这在一定程度上可以解释为，当邻近地区休闲农业消费强度对本地区产生的正向的效应越大时，邻近地区各因素对本地区的叠加影响也将越强，而此时本地区的效应将受到适度削弱。

为进一步明确基于地理距离倒数权重矩阵、邻接权重矩阵、经济距离权重矩阵为权重矩阵的空间效应是否真实存在，本节对上述几种权重矩阵下的时间固定效应空间面板杜宾模型进行效应分解，并对叠加效应进行了检验，结果如表6-8所示。

表6-8 不同权重矩阵的效应检验

变量名称	地理距离倒数权重矩阵			邻接权重矩阵			经济距离权重矩阵		
	直接效应	间接效应	总效应	直接效应	间接效应	总效应	直接效应	间接效应	总效应
城市人均GDP	0.5027*** (2.9375)	-0.5491 (-0.9711)	-0.0464 (-0.0869)	0.6930*** (4.2901)	-0.0613 (-0.2322)	0.6317** (2.5339)	0.5042*** (2.7346)	-0.0383 (-0.1198)	0.4659* (1.9492)
城市人口密度	-0.0023 (-0.0262)	1.3595** (2.5747)	1.3572** (2.6188)	0.1459 (1.6431)	0.0262 (0.1132)	0.1721 (0.7738)	0.0810 (1.0221)	0.7543*** (3.6263)	0.8353*** (3.8135)
自然环境	0.1750 (1.5981)	2.5212*** (3.1633)	2.6962*** (3.2945)	0.1984* (1.7888)	1.1933*** (4.4176)	1.3917*** (4.6485)	0.3448*** (3.0867)	0.8837*** (3.0747)	1.2285*** (3.9542)
景点质量	0.2020*** (3.5335)	0.6495* (1.7378)	0.8514** (2.2131)	0.1949*** (3.4418)	0.0093 (0.0646)	0.2042 (1.2668)	0.2273*** (3.8859)	-0.1578 (-0.9283)	0.0695 (0.3898)
交通可达性	0.4753*** (3.8476)	-0.8758 (-0.9772)	-0.4005 (-0.4265)	0.5122*** (4.2485)	-0.2294 (-0.6446)	0.2828 (0.7297)	0.4550*** (3.7140)	0.4658 (0.9676)	0.9208* (1.8189)*

注：①括号内为t值；②***、**和*分别表示在1%、5%和10%的水平上显著，似然值为对数最大似然值；③以上各解释变量均已通过对数处理。

根据表6-8及表6-6不难发现，不同权重矩阵下的效应检验结果差异不大，效应的显著情况及方向基本一致。基于引力模型构建的权重矩阵估计的效应系数的绝对值总体上比其他权重矩阵估计的效应系数稍大，但从整体来看不同权重矩阵估计的效应系数较为接近，尤其是引力模型权重矩阵和地理距离倒数权重矩阵的估计结果非常相似，再次体现了估计结果的稳健性。

二、替换解释变量

除上述稳健性检验外，我们还充分考虑了其他情形，尝试在保持其他变量不变的情况下，使用城市人均可支配收入替代城市人均 GDP 重新进行回归，结合 LM 及其 Robust 检验结果可知，空间滞后模型和空间误差模型均满足 1% 的显著性检验，与表 6-5 的结论相同，因此认为有必要对空间杜宾模型这一更具普遍意义的空间统计模型进行检验估计，结果如表 6-9 所示。

表 6-9　替换解释变量的空间面板杜宾模型估计结果

变量	空间面板杜宾模型				空间面板滞后模型			
	无固定效应 I	空间固定效应 II	时间固定效应 III	空间时间固定效应 IV	无固定效应 V	空间固定效应 VI	时间固定效应 VII	空间时间固定效应 VIII
截距项	-3.4178 *				-2.5576 ***			
	(-1.9231)				(-3.6292)			
城市可支配收入	1.0738 ***	0.2506	1.1588 ***	0.4995	0.8773 ***	0.5652 **	0.9297 ***	0.0554
	(2.9369)	(0.5341)	(3.0464)	(1.0435)	(3.9441)	(2.2357)	(3.8810)	(0.1189)
城市人口密度	-0.0738	-0.0836	-0.1137	-0.0873	0.0402	-0.0498	0.0361	-0.0537
	(-0.8261)	(-1.0626)	(-1.2370)	(-1.0558)	(0.5307)	(-0.7261)	(0.4612)	(-0.7517)
自然环境	0.0573	-0.0953	0.0626	-0.0812	0.1818 *	-0.1000	0.1787	-0.0986
	(0.5110)	(-0.7777)	(0.5576)	(-0.6633)	(1.6811)	(-0.7472)	(1.6388)	(-0.7342)
景点质量	0.2135 ***	0.0015	0.2079 ***	0.0179	0.1955 ***	-0.0010	0.1957 ***	-0.0031
	(3.7190)	(0.0278)	(3.6273)	(0.3194)	(3.4918)	(-0.0162)	(3.4764)	(-0.0503)
交通可达性	0.4805 ***	0.1276	0.4752 ***	0.1439	0.4349 ***	0.1168	0.4400 ***	0.1229
	(4.0522)	(1.4600)	(4.0088)	(1.6401)	(3.6800)	(1.2481)	(3.6416)	(1.2944)
邻近地区的城市可支配收入	-0.7593	0.1316	-1.4872 *	-4.5325 **				
	(-1.2911)	(0.2214)	(-1.7102)	(-2.3767)				
邻近地区的城市人口密度	0.6744 ***	0.1607	1.1339 ***	0.1648				
	(2.6113)	(0.7543)	(3.2749)	(0.5213)				

续表

变量	空间面板杜宾模型				空间面板滞后模型			
	无固定效应Ⅰ	空间固定效应Ⅱ	时间固定效应Ⅲ	空间时间固定效应Ⅳ	无固定效应Ⅴ	空间固定效应Ⅵ	时间固定效应Ⅶ	空间时间固定效应Ⅷ
邻近地区的自然环境	1.2826***	0.3223	1.3292***	0.4467				
	(3.2872)	(0.7168)	(3.4106)	(0.9763)				
邻近地区的景点质量	0.1074	0.1871	0.2080	0.2690				
	(0.5988)	(0.8380)	(1.1253)	(1.1797)				
邻近地区的交通可达性	−0.6132**	−0.1483	−0.6407*	0.0333				
	(−2.0369)	(−0.7023)	(−1.6651)	(0.1232)				
邻近地区的消费强度	0.5310***	0.6890***	0.4970***	0.6400***	0.6000***	0.7060***	0.5949***	0.7498***
	(6.9168)	(11.5346)	(6.6850)	(9.6776)	(9.0049)	(12.5078)	(9.4202)	(14.7816)
R^2值	0.3836	0.7820	0.3879	0.7835	0.3598	0.7814	0.3607	0.7840
似然值	−801.0803	−559.7450	−800.6871	−556.5993	−811.9767	−564.7667	−814.3268	−560.0358

注：①括号内为 t 值；②***、**和*分别表示在1%、5%和10%的水平上显著，似然值为对数最大似然值；③以上各解释变量均已通过对数处理。

首先，判定空间面板数据模型类型选择。Hausman 检验显示统计量为761.2352（伴随概率为0.0000），表明个体效应和因变量有关，否定了原假设，因此选择空间面板固定效应模型。表6-9各变量系数的检验结果显示，空间面板杜宾模型的时间固定效应Ⅲ（多数变量通过显著性检验等）在各模型中仍然是更为可取的。此外，Wald 检验和似然比检验均通过了显著性水平检验，表明空间面板杜宾模型较空间面板滞后模型效果更好。上述检验结论皆与表6-5一致，显示了结果的稳健性。

其次，消费强度叠加效应的回归结果相当稳健。注意到表6-9中时间固定效应的空间面板杜宾模型下邻近地区休闲农业消费强度对本地区的影响和表6-5所示的结果一致都显著为正，且两者数值接近，表明消费强度叠加效应的结论是稳健的，这一结论在不同的分析框架下也能得到验证；解释变量的显著性情况与方向基本一致。

为了更进一步地验证模型的稳健性，本书对基于引力思想权重矩阵的空间面板杜宾模型再次进行直接效应和间接效应检验（见表 6-10）。研究发现将变量城市人均 GDP 替换为城市人均可支配收入后，变量的直接效应和间接效应的显著性水平与表 6-6 一致，再次验证了模型的稳健性。

表 6-10　替换变量基于引力模型构造权重矩阵空间面板杜宾模型的直接效应和间接效应检验

	直接效应	间接效应	总效应
城市人均可支配收入	1.1366*** (3.1499)	−1.8146 (−1.1946)	−0.6780 (−0.4810)
城市人口密度	−0.0576 (−0.6710)	2.1169*** (3.1566)	2.0593*** (3.1083)
自然环境	0.1311 (1.1550)	2.6598*** (3.2968)	2.7909*** (3.4061)
景点质量	0.2230*** (3.9188)	0.5992 (1.6291)	0.8222** (2.1902)
交通可达性	0.4471*** (3.7513)	−0.8057 (−1.0558)	−0.3587 (−0.4447)

注：①括号内为 t 值；②***、**和*分别表示在 1%、5% 和 10% 的水平上显著，似然值为对数最大似然值；③以上各解释变量均已通过对数处理。

综上所述，无论是构造空间权重矩阵还是通过解释变量进行稳健性检验，均验证了休闲农业消费强度的叠加效应，解释变量的显著性水平基本一致。

第六节　本章小结

本章基于 2010~2015 年江苏省 79 个县域休闲农业消费的面板数据，通过检验休闲农业消费强度是否存在空间依赖性，建立空间面板计量模型，分解休闲农业消费内涵，检验休闲农业消费强度受区域经济空间相关性的影响，并通过测算其直接效应和间接效应强化对休闲农业消费强度叠加效应的理解。研究结果指出：①空间相关性对休闲农业消费强度的增长作用明显，且这一空间依赖性随地域不断邻近而加强，因此，在发展休闲农业时应充分考虑空间相关性；②城市人均 GDP、景点质量、交通可达性均对本地区休闲农业消费强度的增长起到促进作用；③"毗邻资源模式"的休闲农业的消费强度相对较高，能吸引大量游客前往观光旅游。邻近地区城市人口密度的增大、自然生态环境的改善，均有助于本地区休闲农业消费强度的提升，这种叠加效应对于驱动区域经济可持续发展意义重大。

基于以上结论，本章提出以下三项政策建议以助力休闲农业发展：①政府在制定休闲农业发展规划时，应充分利用空间相关性，加强与邻近地区的合作交流，促进休闲农业要素在不同地区及不同行业中的流动，发挥休闲农业对周围地区的旅游关联带动作用；②构建休闲农业空间关联互动机制，建立健全区域协同发展工作机制，推进休闲农业组织一体化、市场一体化、管理一体化，提高休闲农业经济增长的贡献率；③丰富农业科普、农事体验、农业游学等活动，进一步提升景点质量，吸引市民近距离参与休闲农业，充分发挥乡村各类物质与非物质资源富集的优势，展现农耕文明的魅力，塑造乡村文化特色，满足消费者对多元文化的消费需求。

第七章　休闲农业投融资案例分析

第一节　休闲农业投融资主体类型

对休闲农业的需求从本质上说是一种对"绿色"稀缺资源的需求。开发休闲农业市场，不仅能更好地保护农村生态环境，推动乡村生态文明建设，还能进一步推动乡村精神文明建设，提升村民素质，有利于实现农业资源的高效利用，产生较好的经济效益、社会效益和环境效益，促进农民增收，提高农产品质量，吸纳农村剩余劳动力，优化经济结构，开拓旅游空间，减轻和缓解城市旅游过分拥挤的现象。当前，休闲农业的投融资主体以政府部门、企业和农村居民为主。

政府部门在休闲农业开发与投融资过程中处于主导地位，扮演着主导人的角色。休闲农业投融资存在着市场失灵的问题，政府可以通过法治建设等手段进行调控，引导投融资的流向。但基层政府自身的财力受限，且主要投资经营性项目，对基础设施的投资不足，效率不高，不利于休闲农业的长期发展。

企业直接投资是传统的社会主导型投融资方式，企业多通过政府招商引资的渠道投资经营休闲农业项目。农村居民也是休闲农业投融资的主体，多采取单户出资、个体经营的形式。村民拥有的资金较少，抵御风险的能力很弱，这些因素制约村民参与大型休闲农业项目。

第二节　江苏省休闲农业项目的投资现状

近年来，江苏省休闲农业稳步发展，休闲农业的种类及功能逐步扩展，致力于发展更全面、更完整、多功能的新型休闲旅游景点，其主要的存在形式如表 7-1 所示。休闲农业项目在江苏省的旅游项目中呈增长趋势，休闲农业所占江苏 GDP 的比重增大，接待游客人数增加，营业收入增加，提升了江苏农民人均收入，成为江苏农村经济收入的重要来源。

表 7-1　江苏省休闲农业的存在形式

形式	区位及目标市场	特点	管理情况
自然依托型	①交通发达，距离大城市周边 20 千米 ②以多个大城市作为目标市场	农业基础设施完整，具有独立的农业自然景观，范围较广	分散管理、接近原生自然
城市依托型	①距离大中城市 10 千米左右 ②以一个大城市作为目标市场	以一定的农业资源为基础人工构造农业景观	集中式管理、更接近人工主体公园

江苏省休闲农业的项目投资主要来源于政府、熟人圈子、投资创始人或

者创业团队、社交网络、专业创业投资平台、线下创业投资活动以及银行或非银行金融渠道。其直接投资主体有政府、公司、企业、个人，间接投资主体有运用货币资金购买股票、债券，间接从事投资活动的投资者。

以家庭为主的小型休闲农业，其资金主要来源于家人及亲朋好友。规模稍大、功能设施比较齐全的休闲农业项目，其资金主要来源于专业投资人或投资团队，通过专业创业投资平台、银行或非银行金融渠道获取。

第三节　休闲农业投融资困境

当前，休闲农业投融资主要存在以下五个方面的困境：

第一，休闲农业投资行为不科学。休闲农业把政府、村民、企业全都调动了起来，在高度积极参与的同时，这种冲动投资行为往往缺乏精准定位，不同地区，甚至同一地区的不同镇、村出现重复投资与开发的现象。由于缺乏细致调研与精准定位，一味模仿复制成功案例，缺乏对当地优质资源的有效深度挖掘，满足不了旅游者猎奇求新的更多需求，走到哪里都有一种似曾相识的感觉。各投资主体在投资、开发过程中往往具有短期逐利的特点，其投资开发目的多为谋取利益，尽可能早地收回投资成本，赚取利润。然而，旅游资源开发，尤其是休闲农业资源的开发通常具有投资回收期长的特点，这又倒逼部分投资者减少投资成本，尤其是减少社会成本与环境成本的投入，在开发过程中部分投资者可能会漠视环保责任，不能科学统筹规划，实现经济发展和生态环境保护相协调。

第二，投融资渠道狭窄，缺少抵押物。休闲农业开发区相对偏远，农村土地承包经营权、林权、房屋等价值不高，价值难以评估，导致投资休闲农业的中小企业和农户缺少从事旅游经营的融资抵押物，在申请贷款时很难找到价值足够大又能长期保值的抵押物。因此，金融机构为防范风险，一般不对休闲农业项目进行贷款。有效解决休闲农业企业融资困难的方法之一是建立中小企业信用担保体系。

第三，投资主体的贷款信用担保能力弱，还款能力差。休闲农业的主体多是中小企业和农户，经营和财务管理的随意性很大，大多没有能力、没有相应的担保来申请贷款，客观上限制了银行信贷资金的进入。农户自身的资金有限，发展休闲农业一般规模较小，而且经营管理能力不强，还款能力较弱。一些乡镇旅游企业不少是从经营"农家乐"发展起来的小微企业，没有建立规范的现代财务管理制度，抗风险能力较弱，经营效益不稳定。这与信贷资金追逐高利润、保证安全性和流动性的特点背道而驰，制约了休闲农业的投融资。

第四，贷款门槛高，程序繁杂。金融机构信贷主要的服务对象是大型企业，贷款额度通常比较高，为了降低风险，借贷的流程比较烦琐。休闲农业项目借贷的额度通常比较低，银行一般采取担保的方式对休闲农业发放贷款，不仅手续繁杂，贷款主体还要支付担保费、抵押资产评估费等相关费用。与大中型企业相比，休闲农业经营主体在向银行融资时，由于其融资额度小，银行单笔业务成本高，贷款风险相对较高，所以不仅无法享受优惠利率，而且还要支付比大中型企业借款更高的利息。

第五，以短期融资为主。休闲农业的生产经营项目以农业生产为基础，生产周期相对较长，短则需要数月（如蔬菜、畜禽水产养殖）、长则需要数年甚至数十年（如观赏树木、经济林等），这就决定了休闲农业对资金的占用周期长。但是，目前休闲农业所获得的银行贷款期限一般为半年，只能用于填补流动资金缺口，休闲农业扩大再生产和厂房建设的资金需求基本无法得到满足。

第四节 江苏省休闲农业项目发展趋势及举措

江苏休闲农业项目发展趋势逐渐朝着农业多产化、农村景区化、农民多业化和资源产品化方向发展。

（1）农业多产化。休闲农业的产业内容不仅只局限于一些传统的项目，例如观光采摘农业、大棚生态餐厅、农家乐、农家大院、民俗村、垂钓鲜食等，应逐渐融合农业产业形态和旅游项目，比如观赏经济作物种植、蔬菜瓜果消费、家禽家畜消费、餐饮住宿接待、民俗文化消费、旅游度假村等，进行全方位发展。

（2）农村景区化。随着经济的快速发展及消费水平的提高，人们对生活质量有了更高的要求，生活态度也有了明显的变化，对旅游景点的兴趣点有了更高的要求，农村旅游区开始朝多功能、多项目、多特色、新体验等方向发展，使其在保持农村原有特色基础上，融入现代化发展的新鲜血液，同时又使其区别于城市旅游景区，增强农村景区化程度。

（3）农民多业化。在发展休闲农业项目过程中，农民可以以旅游业为主业，以种植业为副业，农民在经营农业的同时经营商业，不仅能提升农民自身价值，还能增加收入。一些企业形成股份休闲农业企业，吸引农民大力发展观光农业、生态农业和精品农业。

（4）资源产品化。江苏省在发展休闲农业的过程中，逐步将农村的生产、生活资料转换成具有观光、体验、休闲价值的旅游产品，并向区域差异性特色化发展，逐渐形成将当地资源变成可供人们消费的产品的趋势，增加营业收入，促进资源产品化。

江苏在发展休闲农业方面的举措有以下五个方面：

（1）增加政府投入，推进休闲农业项目深度开发。农民自主建设而成的休闲农业项目难以满足城市消费者的需求，休闲农业项目逐渐结合城镇化开发理念走创新开发之路，比如加强基础设施建设、构建特色主题、吸引市场人气等，在政府指导下，对休闲农业项目进行深度开发。

（2）加大品牌建设力度，提升休闲农业示范效应。对休闲农业项目进行品牌化运作，打造项目的品牌价值，推动农业品牌化，带动项目整体和单体产品的发展，实现经济效益大幅增加，提升休闲农业示范效应。

（3）加强功能拓展，推进特色产业链延伸发展。对休闲农业的开发不再单纯停留在一些传统项目上，比如看田园风景、采摘农业产品、品尝农家食物等，而是在现有休闲农业结构基础上，变更农业主题，丰富农业产品和项目，使消费者能够深入体验民风民俗和乡土文化情怀，推动休闲农业多功能、全方面发展，推进农业特色产业链延伸发展。

（4）挖掘优秀文化，提升农业文化遗产保护水平。江苏在发展休闲农业项目过程中，充分利用土地资源和社会文化资源，充分挖掘江苏优秀文化遗产，提高农业文化遗产的保护水平。

（5）创新推介手段，提升江苏休闲农业知名度。江苏休闲农业项目不再是农家乐形式，而是符合社会发展需求的、业态涵盖广泛的综合体验项目，休闲农业项目通过引进专业技术团队，统一规划设计及建造，组建专业运营团队，创新推介手段，以此提升江苏休闲农业的知名度。

基于休闲农业的观赏娱乐性、参与体验性、文化性、生态性、季节性等特征，江苏一些地区政府和村民通过整合村庄资源共同打造休闲农业项目，吸纳优秀企业事业单位和旅游文化公司入股合资，寻求优秀休闲农业个人投资者参与投资，通过融资平台获取资金，合作方式实现了各方共赢局面。

第五节　休闲农业案例分析

随着城乡居民生活水平的提高，人们崇尚自然、回归简朴的需求日益增长，观农家景、吃农家饭、住农家房、干农家活、享农家乐已成为一种时尚和趋势，于是休闲农业应运而生。目前，休闲农业旅游景点不仅是人们娱乐休闲的好去处，而且已成为农村新的经济增长点。

为了使研究更具典型性和针对性，本章选取常州市礼嘉镇的武南现代农业产业园作为案例进行研究。近年来，常州地区乃至长三角城市群对短期休闲观光度假、回归自然、体验田园情趣的市场需求日益增长，但区域内可提供的服务产品相对较少，而礼嘉镇农业基础较好，特色农业、高效农业有了一定程度的发展，且历史悠久，自然、人文资源丰富，开发生态和景观农业及民俗风情旅游的条件渐趋成熟，发展休闲农业的空间较大，可实现"农业增效、农民增收"的目标。

礼嘉镇近年从常州市城市远郊乡镇、近郊乡镇发展为城市边缘区，其休闲农业的发展应发挥自身区位与交通优势，主动迎接常州市主城区的辐射，积极吸纳常州市人口的客流量，力争成为常州市居民周末休闲度假首选区、常州市著名休闲观光农业中心、全国性的休闲观光农业胜地从而带动上海及华东地区市场。礼嘉镇休闲农业旅游点以武南现代农业产业园为代表，该农业产业园位于礼嘉镇南部（万顷良田区域内），设有核心示范园区、光伏大棚种植区和油用牡丹种植区三大功能区，集科技开发、教育实践、示范推广和观光旅游于一体。

截至 2019 年末，礼嘉镇户籍人口为 49326 人。其中"武南现代农业产业园"涉及 78 个自然村、7200 余人，覆盖农村劳动力接近 4700 人。① 农业产业园区的发展既能为农村劳动力提供就业机会，又能促进当地经济发展，有效宣传其生态文化、旅游文化等。

一、投资收入分析

礼嘉镇的休闲农业旅游亟须常州市旅游消费的带动，接受常州市旅游客流的辐射。截至 2019 年底，常州市辖天宁区、钟楼区、新北区、武进区、金坛区五个行政区和一个县级市溧阳市，总面积 43.85 万公顷，其中陆地面积 36.18 万公顷、水域面积 7.33 万公顷。常州市常住人口 473.6 万人，比 2018 年增加 0.7 万人，其中城镇人口 347 万人，城镇化率为 73.3%。2019 年常州市全体居民人均可支配收入为 49839.6 元，其中城镇居民人均可支配收入为 58344.7 元。全市居民人均工资性收入 30921.4 元，其中城镇居民人均工资性收入 36422.7 元②。2019 年常州市纳入统计的乡村旅游区共计接待游客 1841.32 万人次，实现营业收入 9.91 亿元，乡村旅游的发展，直接或间接带动了乡村消费提档升级③。城镇客流是乡村休闲旅游的主要客流来源及收入来源。

近年来，常州市经济发展较快，人民生活水平显著提高，旅游需求市场

---

① 国家统计局农村社会经济调查司．中国县域统计年鉴 2020（乡镇卷）［M］．北京：中国统计出版社，2021．
② 资料来源于《常州统计年鉴 2020》。
③ 资料来源于《江苏常州：以旅游带动乡村振兴，助力打造共同富裕样本》。

活跃。2013~2019 年常州市旅游收入及接待游客人数情况如表 7-2 所示。

表 7-2 2013~2019 年常州市旅游收入及接待游客人数

年份	旅游收入（亿元）	增幅（%）	接待旅客人数（万人次）	增幅（%）
2019	1197.57	10.0	7947.05	9.7
2018	1088.64	14.2	7244.91	9.8
2017	953.65	14.4	6600.42	9.9
2016	833.59	14.0	6004.15	10.1
2015	731.00	11.7	5455.00	9.1
2014	654.29	14.5	5001.38	12.7
2013	571.50	15.4	4436.00	11.8

注：笔者根据相关数据计算整理得到。

常州市旅游收入的高低与常州市礼嘉镇的旅游经济休戚相关，常州市游客旅游支出不仅与礼嘉镇休闲农业旅游点自身的吸引力有关，同时还与常州市休闲农业资源的数量与质量有关。常州市的人文资源和特色农产品丰富多彩，这些为常州市发展休闲观光农业提供了深厚基础。

为了测算礼嘉镇休闲农业产业园的旅游吸引力，同时也为进一步明确常州市居民在礼嘉镇休闲农业产业园的消费情况，本章结合休闲观光农业点的发展情况，选取常州市规模经济以上的代表性休闲观光农业资源 56 处进行比较分析（见表 7-3）。

表 7-3 常州市 56 处休闲观光农业资源

区位	编号	休闲观光农业资源名称	面积（亩）	距离常州市中心（千米）
武进	1	武进寨桥西湖山庄垂钓中心	500	35.1
	2	红月亮农家水庄	210	34.2
	3	常州市德泰农业生态观光园	100	32.2
	4	武进环太湖风景区	49500	40.8

区位	编号	休闲观光农业资源名称	面积（亩）	距离常州市中心（千米）
武进	5	常州市武进区一八养殖场	30	20.9
	6	常州市牟家农业旅游观光园	650	18.7
	7	常州市特种竹繁育场	990	18.2
	8	江苏艺林园花木有限公司	160	26.2
	9	常州市武进区夏溪花木市场发展有限公司	2000	29.8
	10	常州横山砂梨专业合作社	100	13.2
	11	杨新宇渔业专业合作社	600	34.2
	12	雪堰水蜜桃生产合作社	1500	40.6
	13	常州市水产良种引繁有限公司	496	38.2
	14	常州钦风沟紫薇园	600	29.3
	15	武进名优水产引繁推广中心	2248	39.4
	16	常州市三勤农业生态园	700	16.8
新北	17	新北区春绿花木有限公司	300	15.1
	18	常州市碧春缘生态林艺有限公司	300	19.4
	19	新北区春江镇新华村	800	24.3
	20	常州市圣王果蔬有限公司	500	30.3
	21	常州新世纪农业开发有限公司	50	32.2
	22	常州向阳果园栽培有限公司	500	31.8
	23	常州新北区小河江边垂钓中心	50	32.2
	24	常州原野农业科技有限公司	50	3.9
	25	常州新绿高科技农业有限公司	50	7.7
	26	常州新区新世纪果树栽培有限公司	50	13.3
溧阳	27	江苏天目湖生态农业示范园	20000	106.1
	28	溧阳市天目湖玉枝特种茶果园艺场	2200	105.6
	29	大石山旅游农庄	5800	112.5
	30	溧阳天目湖玉莲珍稀茶果园艺场	500	106.7
	31	天目湖花果山农庄	500	110.3
	32	溧阳市翠谷庄园农业生态休闲有限公司	2000	112.1
	33	横涧幽兰园艺场	300	120.7
	34	曹山紫竹林生态农业园	3700	114.1
	35	吴楚农耕文化园	500	118.9

续表

区位	编号	休闲观光农业资源名称	面积（亩）	距离常州市中心（千米）
溧阳	36	天目湖恒通狐貂养殖观光园	200	101.7
金坛	37	尧塘公路公园	100	40.8
	38	信德农业科技有限公司（民日休闲农庄）	100	45.9
	39	金坛市一芍水山庄	600	95.6
	40	金坛市南海山庄	600	93.7
	41	金坛市长荡湖水庄	430	56.0
	42	金坛市白龙山庄	150	51.3
	43	金坛市金茂生态农业有限公司	50	69.0
	44	久红农业生态观光园	600	52.8
	45	金坛市惠农农业示范园	100	41.9
	46	金坛市石马生态农业科技示范园	500	82.3
	47	金坛市鑫品茶业有限公司	2000	61.7
	48	金坛市西阳阳山茶场	300	70.6
	49	金坛市御庭春茶业有限公司	600	83.9
	50	方山茶场	180	46.0
	51	桐春源茶社	300	96.2
	52	金坛市薛埠镇仙姑村（茅山南海农家乐专业村）	800	95.6
	53	江南孔雀园	600	87.8
	54	奥金鳄鱼乐园	50	42.0
	55	江南农耕园	150	40.0
	56	金坛神州特种养殖有限公司	800	91.6
其他	57	其他零星休闲农业园	5400	55.92

资料来源：笔者根据政府公开数据及卫星测算数据整理得到。

当消费者具有多个可供选择的消费机会时，他们可以光顾多个不同的消费点，而不是将自己限制在一个消费场所。贸易区是概率性的而不是决定性的，因为每一个都有被顾客光顾的机会。Huff（1963）指出，商店被光顾的机会同规模（面积）成正比，并随着距离的增加而减少。

Huff 所研究消费点可被应用于本书的休闲农业项目。根据上述 Huff 模型，得到：

$$T=E_C \cdot \frac{A_j \cdot D_{ij}^2}{\sum_{k=1}^{n} A_k D_{ij}^2} \qquad (7.1)$$

式中，T 表示礼嘉镇休闲农业的收入额；E_C 表示常州市城镇居民休闲农业旅游的总消费额；A_j 表示礼嘉镇休闲农业园区面积；A_k 表示常州市各地区 j 个休闲农业园的面积；D_{ij} 表示常州市中心到礼嘉镇休闲农业园区的距离。

根据武南现代农业产业园的面积5350亩，礼嘉镇到常州市中心的距离23.9千米①，可计算得到常州市城镇居民在礼嘉镇休闲农业园的旅游消费为116万元。

二、预测客流量

本节采用游线容量法预测客流量游线容量法与风景旅游点的道路性质、长度、宽度有关。该方法适合于地势较陡、呈线性布局的旅游景点。休闲农业客流量的预测模型为：

$$N=H/A \qquad (7.2)$$

式中，N 表示合理容量；H 表示游线长度；A 表示人均游线面积。线路推算法中，假设休闲农业项目的游客容量取人均规模指数"100平方米/人"，则休闲农业项目可直接得到游览面积范围为旅游点的总面积的50%~70%。

根据礼嘉镇武南现代农业产业园的面积，可计算得到礼嘉镇武南现代农业产业园的客流量。见表7-4。

表7-4　武南现代农业产业园的客流量预测　　　　单位：万人次

日可容纳客流量	年可容纳客流量
1.78~2.50	650~911

注：在不同假设条件下，客流量将会有所变动。

――――――――――

① 资料来源于礼嘉镇农业服务中心农技农机站。

第八章　结论与建议

第一节　结论

　　本书在梳理经济学、物理学相关理论和休闲农业文献的基础上，充分借鉴场强理论以及旅游消费研究的理论成果，将休闲农业消费场和电场进行类比，明晰了休闲农业消费场强的特性，结合现阶段我国休闲农业的消费场强与距离所呈现的规律，展示了休闲农业消费场强在经济运行中的发展变动轨迹；揭示了休闲农业消费场强的客观性以及叠加效应的存在性，对休闲农业消费强度的叠加效应进行了实证剖析，解释了现实生活中休闲农业消费强度与消费场强差异的根源；从理论基点入手，通过界定消费场强的概念，分析了休闲农业消费场强、消费能力的各种影响因素，进一步考察了休闲农业在现实生活中的消费强度，度量、分析了消费场强的空间分布特性及与距离要素所呈现的规律，并对休闲农业消费强度的叠加效应进行了实证剖析。本书主要研究结论如下：

（一）休闲农业的消费场强和消费强度均呈现距离衰减规律

本书研究发现，休闲农业消费场强是客观存在并能被感知到的，城市为它的存在提供了消费客源基础。对于消费场强的度量通常会受到诸多因素的影响，本书基于场强理论对休闲农业的消费场强进行度量，通过对比消费强度来衡量消费场强的大小，但现实生活中消费强度不仅受到郊区景点建设状况的影响，还受到邻近地区相关因素的影响。这种关于邻近地区的消费强度的叠加效应有别于消费场强的叠加效应。通过研究，本书发现，休闲农业的消费场强和消费强度均呈现距离衰减规律，理论推算得到的消费场强和实际产生的消费强度并不一致，进一步探究这种不一致性，可发现某些区域休闲农业的消费潜力。

（二）消费群体对于休闲农业距离要素的差异性感知影响着三维距离的表达

本书通过对南京市市民的休闲农业消费行为进行问卷调查，获取了635份样本。实证分析结果表明，两小时自驾游距离是休闲农业消费强度较高的辐射范围，短途旅游（一日游、两日游）是消费者休闲农业旅游的重要特征；在出游方式上，大部分消费者选择自驾游，少部分消费者选择乘坐公共交通工具，该群体多为学生。消费者对于不同距离要素（时间距离、空间距离、费用距离）的感知和态度，呈现群体差异性。消费群体总体上对于时间距离最为关注，其次为空间距离，最后是费用距离。

从自驾车可承受单程时间来看，男性可承受更多的时间，53.9%的男性可承受的单程时间为两小时。就旅游出发地到休闲农业旅游景点的考虑因素来看，26岁以上人群对于空间距离的关注程度明显高于25岁以下人群，25岁以下人群中仅22.7%关注空间距离，低于平均水平32%。40岁以上人群对于往返时间的在乎程度相对最低，26～40 岁人群对于往返费用的在乎程度相对较低。25 岁以下人群更加偏好 50 千米以内休闲旅游，而 25 岁以上人群相对更加偏好 50～100 千米内的距离。月收入介于 3000～10000 元的人群，他们对于往返里程距离的在乎度明显更高，月收入高于 6000 元的人群，他们对于往返时间的在乎程度明显更高，月收入高于 1 万元的人群对于往返时间在乎程度明显最高。有养老医疗保险的人群，他们对于空间距离的关注度明显更高，没有养老医疗保险的人群对于往返费用的关注度更高。有养老医疗保险的人群更偏好于 50～200 千米的旅游，而没有养老医疗保险的人群更加偏好于 100 千米内的旅游。

根据第四章消费群体对距离要素的识别以及第五章休闲农业消费场强的空间分布分析，可知晓投资者更愿意在城市郊区对休闲农业进行投资。

（三）三维距离能更合理地解释休闲农业消费场强的增长路径

尽管理论上所假设的场强是均质的，即区域内任意一点接受中心区域辐射的机会均等，但在实际情况下，城镇的辐射会因障碍因素（或助力因素）而快速衰减或者迅速增强。本书借助引力模型，将电场和休闲农业消费场进行类比，得到消费场强随着距离的增加呈现逐渐衰减规律，市区周围近郊的消费场强最强，中郊其次，远郊较弱。集时间、空间和费用因素于一体的三维距离，较直线距离具有更平滑的距离衰减结果，更能恰当地解释消费场强的距离衰减曲线。根据第四章的受访者对旅游时间距离的意愿、对距离要素的全局感知态度卡方检验分析以及第五章消费场强和距离间的相关分析、消费场强和消费强度的回归分析可以看出，在距离市中心三维距离为 20 千米范围内的近郊区，休闲农业场强值最高，更有利于投资开发。根据第五章及第六章，尽管休闲农业消费场强存在叠加效应，但仍然呈现距离衰减现象。通过对三维距离和直线距离的回归结果可知，市中心对区域内任意一点的辐射并不随直线距离简单平滑递减，由于障碍因素，郊区所接受的辐射力仍然是有差异的，尽管它们都是来自于具有同样直线距离的市中心。因此，基于时间、空间和费用距离加权于一体的三维距离，能更合理地解释休闲农业消费场强的增长路径。

（四）休闲农业消费强度的叠加效应显著存在

基于江苏省县域休闲农业消费的面板数据，本书在检验休闲农业消费强度是否存在空间依赖性的基础上，对构建的标准面板计量模型、空间杜宾模型和空间滞后模型的不同效应进行实证检验，根据数据的内在交互规律，得到时间固定效应的空间杜宾模型是实证分析休闲农业消费强度叠加效应最适当的模型。在充分考虑可能存在空间效应的前提下，分解休闲农业消费内涵，检验休闲农业消费强度的空间相关性，并对其直接效应和间接效应进行测算以强化对休闲农业消费强度叠加效应的理解。

实证分析结果表明，休闲农业消费强度的增长存在着明显的空间相关性，且邻近地区之间休闲农业消费的空间依赖性在不断加强，休闲农业的发展应充分考虑空间相关性；城市人均 GDP、景点质量、交通可达性均对本地区休闲农业消费强度的增长起到促进作用；"毗邻资源模式"的休闲农业的消费强度相对较高，能吸引大量游客前往观光旅游。邻近地区城市人口密度的提高、自然生态环境的改善均有助于本地区休闲农业消费强度的提升，这种叠加效应对于驱动区域经济可持续发展有重要意义。

（五）对于全域休闲农业的投资开发敲醒警钟

在休闲农业消费等场强处，投资规模较大的地方，可能会有较高的消费强度。然而，休闲农业的发展仅仅依靠投入是远远不够的，也不利于今后的可持续发展。如果投资者在尚未挖掘其他潜在消费市场的情况下，仍旧盲目追加投资休闲农业，那么一旦消费者对于休闲农业消费能力的阈值到达极点，那么旅游景点相关软硬件配套设施的投入将有可能成为投资者的包袱，导致投资与收入不对等，投资收益率大大降低，甚至亏损。这对全域旅游敲醒警钟，强调适度开发休闲农业景点。消费者对休闲农业的消费，最终要转化为休闲农业的投资来源，如果消费者对休闲农业的有效消费不足，这将直接导致投资资金回收困难。因此，对于休闲农业的开发，不可以盲目从众，更不能在不明确消费市场发展潜力的情况下盲目扩张规模。

第二节 对策建议

由于不同省份之间的休闲农业市场具有差异性，所以在对其进行市场开发时应有所区别。为了使休闲农业产业更好更快地发展，除了应该推进城镇化进程、提高城市居民人均可支配收入、提升城市居民受教育水平、改善交通，还应该考虑以下五个方面：

（一）创造有利环境，加大金融支持力度

创建有利的制度和政策环境。休闲农业的健康快速发展需要各级政府履行自己的公共服务职能，聚焦创意休闲农业产业体系建设，着力优化政策环境，给予惠农资金倾斜；坚持特色产业先行，拓展旅游功能；鼓励通过调整经营定位，延长产业链条、多元化合作、提升生产方式等路径，走出休闲农业"周末经济"困局；重点实施休闲农业示范县、示范点建设工程，星级休闲农业企业培育工程，发挥示范品牌的引领作用。

加大金融支持力度，丰富乡村旅游抵押物类型，开发乡村旅游信贷业务。首先，可通过加快农村土地资产确权，使之成为旅游开发最重要的贷款抵押物，加快推进农村土地承包经营权、林权确权和抵押贷款，大力推广土地经营权、收益权抵押保证贷款，推动"土地变资本"，推进各类乡村景区点、旅游经营户预期收益折算抵押。其次，针对乡村旅游开发项目小、散等特征，金融机构应该降低贷款准入门槛，开发额度较小的信贷产品，简化贷款程序，为休闲农业贷款主体提供便利。同时针对乡村旅游投资周期长的情况，政策性金融机构可推出还款周期较长的信贷产品，推出专门针对乡村旅游的信贷业务。

（二）发挥区域优势，加强区域合作，完善乡村基础设施建设和服务功能

发挥区域优势，将农业资源优势转化为经济优势。在当前市场经济环境下，休闲农业应该以消费者需求为指引，融入可持续发展的基本思想，制定既符合当地乡村健康发展，又能满足消费者旅游需求的发展策略。休闲农业园区规划要体现各地的区域优势，拓宽休闲农业的功能内涵，充分挖掘和利用农村田园风光和农业文化遗产，依托原始生态古村落、民间风俗、农事生产等乡村旅游资源，创办一批具有乡土特色的农业产业、定期或不定期地举办农事活动，开展农业科普、农事体验、农业游学等活动，坚持把开展特色活动作为发展休闲农业的重点，按照"小规模、组团式、微田园、生态化"的理念和思路，推动休闲农业与美丽乡村建设融合发展。依托地区特色优势产业，建设集中连片的休闲农业旅游基地，进一步提升景区质量，吸引市民近距离参与休闲农业，充分发挥乡村各类物质与非物质资源富集的独特优势，展现农耕文明的魅力，塑造乡村文化特色，提升其文化实力和持续竞争力，从而吸引更多城市资源，满足消费者对多元文化的消费需求。

开展区域合作，拓展休闲农业发展空间。地区休闲农业旅游经济叠加效应的增强，意味着政府在制定规划发展策略时，必须充分重视与邻近地区在休闲农业投入方面的合作与交流，促进休闲农业要素的跨地区和跨行业流动，

提高休闲农业对周围地区的旅游关联带动作用。加强本地区休闲农业与邻近地区休闲农业的协同发展，携手打造休闲农业精品线路，联合举办系列特色主题活动，共同构建区域内休闲农业旅游圈。构建区域休闲农业合作的空间关联互动机制，建立健全区域协同发展工作机制，推进休闲农业组织一体化、市场一体化、管理一体化，加强休闲农业经济增长协同贡献率。

完善乡村基础设施建设和服务功能，走可持续发展道路。实现乡村的可持续发展对于建设美丽乡村意义重大，良好的生态环境是发展乡村旅游的基础，对消费者的吸引力较强，如果盲目开发，就会破坏生态环境，大大降低对游客的吸引力。因此，休闲农业开发要注重保护乡村生态环境、保持乡村原有特色。同时，加强基础设施建设，改善郊区及农村的生态环境、人文环境，走内涵式发展模式，加强管理和规范运作，增强服务意识，从而促进休闲农业产业健康发展。

（三）适度开发、合理布局、科学规划，突出休闲农业与乡村旅游的特色主题

城市居民对休闲农业的消费潜力不是无限增长的，在一定周期内而是饱和的，如果在不考虑收入回报的情况下，在全域范围内投资休闲农业，将可能导致资金、人力、物力等资源的浪费，因此一些地方需要考虑是否对全域旅游规划进行修正。考虑到城市中心到郊区的距离尺度不同，所呈现出的消费强度也存在差异，笔者建议根据消费强度合理布局休闲农业。通过对消费群体对距离感知态度的探讨，本书认为休闲农业宜定位距离客源聚集地一小时到两小时的车程距离，以强化休闲农业需求。基于不同消费群体自身的特征针对性地营销，将有助于提高休闲农业营销的效率，对于开发旅游市场具有重要参考意义。

规划是休闲农业健康有序发展的基础，基础设施建设、资金筹措与管理、

人才开发、市场开发等方面均需科学规划。政府需要与林业、农业等相关部门做好协调工作，从而制订出具有特色、广阔前景的乡村旅游市场开发计划。开发休闲农业项目需要对区位条件、资源特色、生态环境、社会经济及客源市场等进行认真和翔实的调查与评价，然后在区域空间上统筹安排、全面规划，在时空上周密安排开发活动，以减少盲目开发和投资失误，避免相邻地区项目的雷同和重复建设，提高休闲农业开发的效果，促进乡村旅游健康、有序、稳定发展。

（四）拓宽投融资渠道，加大投融资力度

资金是休闲农业开发的重要条件，资金缺乏制约了基础设施的建设和完善，从而影响休闲农业发展。加大投资吸引力度是发展休闲农业的关键，每个乡村都应该推出优惠政策来吸引投资，并通过电视、网络媒体进行宣传。村镇应与网络平台实现互动，通过乡村旅游众筹投资等新颖的投融资模式，打开融资渠道，让更多人参与投资休闲农业，实现休闲农业网络开发、融资、营销、经营与管理。大力拓展投资渠道，形成以企业投资为主、以银行贷款为辅的资金筹措方式，利用社会集资，努力吸引外资，形成多元化的投资体系，建立完善的投资机制。政府可鼓励银行等金融机构对休闲农业经营户的信用等级进行评定，完善信用信息库，并对休闲农业项目进行分类，针对不同的类型编制信贷业务手册，向经营户传达投融资信息，有针对性地提供贷款。

（五）提高休闲农业经营主体的还款能力，多方式担保

灵活利用多种合作方式，提高农户经营休闲农业的能力和意愿，增强其还款能力，如协调旅游企业帮扶，对农户进行特色农副产品生产、传统手工艺品制作技能培训，组织农户生产并负责回购产品。担保有政府、集体、联合和专业企业等多种方式。在政府担保方面，在有条件发展休闲农业的地区，

地方政府应全面整合涉农资金，出资成立担保公司或设立休闲农业信贷基金，为休闲农业经营主体提供贷款担保或贴息，放大政府资金的效用；在集体经济担保方面，在休闲农业发展已有一定基础或其他产业发展较好的农村地区，可由集体经济为从事乡村旅游的小微企业和农户提供担保；在联合担保方面，可采取大户带小户、农户联保等多种方式共同进行休闲农业开发和经营；在专业企业担保方面，地方政府引导成立休闲农业保险或担保公司，借款人和保险公司、担保公司签订贷款保证保险合同，保险公司提供贷款保证，如违约由保险公司赔付银行贷款本息，为休闲农业经营主体提供担保。

综上所述，发展休闲农业必须在我国建设社会主义新农村、美丽乡村的新形势下，以我国的基本国情为立足点，充分考虑市场的消费能力，将休闲农业开发控制在城市居民的消费能力范围内。既不能在休闲农业投资建设上求多、求大、求异，也不能将其边缘化，而应在理性条件下，按照带动就业回报率、投资收益率、生态环境许可率、产业发展协调情况等合理、有效地发展。

参考文献

［1］ Ankomah P K, Crompton J L, Baker D A. A study of pleasure travelers' cognitive distance assessments ［J］. Journal of Travel Research, 1995, 34 (2): 12-18.

［2］ Anselin L, Bera A K, Florax R, et al. Simple diagnostic tests for spatial dependence ［J］. Regional Science & Urban Economics, 1996, 26 (1): 77-104.

［3］ Anselin L, Gallo J L, Jayet H. Spatial panel econometrics ［M］// Mátyás L, Sevestre P (Eds.). The Econometrics of Panel Data. Berlin: Springer, 2008.

［4］ Anselin L. Spatial econometrics: Methods and models ［M］. Dordrecht: Springer, 1988.

［5］ Anselin L. GeoDa 0. 9 user's guide ［Z］. Spatial Analysis Laboratory, 2003.

［6］ Archer B H, Fletcher J E. The tourist multiplier ［J］. Téoros, 1988, 7 (3): 6-9.

［7］ Baltagi B H. Econometric analysis of panel data ［M］. New York: Springer, 2005.

［8］ Becker C. Domestic tourism in FRG: Trends and problems ［J］. Annals of Tourism Research, 1987, 14 （4）: 516-530.

［9］ Black W R. An analysis of gravity model distance exponents ［J］. Transportation, 1973, 2 （3）: 299-312.

［10］ Blake A, Durbarry R, Eugenio-Martin J L, et al. Integrating forecasting and CGE models: The case of tourism in Scotland ［J］. Tourism Management, 2006, 27 （2）: 292-305.

［11］ Botti L, Peypoch N, Solonandrasana B. Time and tourism attraction ［J］. Tourism Management, 2008, 29 （3）: 594-596.

［12］ Brau R, Blake A. Demand-driven sustainable tourism? A choice modelling analysis ［J］. Tourism Economics, 2008, 14 （4）: 691-708.

［13］ Britton J N H. Methodology in flow analysis ［J］. East Lakes Geographer, 1971 （7）: 22-36.

［14］ Brueckner J K. Strategic interaction among local governments: An overview of empirical studies ［J］. International Regional Science Review, 2003, 26 （2）: 175-188.

［15］ Börger T, Hooper T L, Austen M C. Valuation of ecological and amenity impacts of an offshore windfarm as a factor in marine planning ［J］. Environmental Science & Policy, 2015 （54）: 126-133.

［16］ Cadwallader M. Problems in cognitive distance: Implications for cognitive mapping ［J］. Environment and Behavior, 1979, 11 （4）: 559-576.

［17］ Carpio C E, Boonsaeng T. The demand for agritourism in the United

States [J] . Journal of Agricultural & Resource Economics, 2008, 33 (2): 254–269.

[18] Charlton M, Fotheringham S, Brunsdon C. Geographically weighted regression [J] . Physical Review Letters, 2006, 88 (18): 187002.

[19] Che D, Veeck A, Veeck G. Sustaining production and strengthening the agritourism product: Linkages among Michigan agritourism destinations [J] . Agriculture & Human Values, 2005, 22 (2): 225–234.

[20] Chen, Yanguang. The distance–decay function of geographical gravity model: Power law or exponential law? [J] . Chaos Solitons & Fractals: Applications in Science & Engineering: An Interdisciplinary Journal of Nonlinear Science, 2015.

[21] Christine Lim. The major determinants of Korean out–bound travel to Australia [J] . Mathematics and Computers in Simulation, 2004, 64 (3/4): 477–485.

[22] Chu F L. Forecasting tourism demand: A cubic polynomial approach [J] . Tourism Management, 2004, 25 (2): 209–218.

[23] Colwell J E, Horányi M. Magnetospheric effects on micrometeoroid fluxes [J] . Journal of Geophysical Research: Planets, 1996, 101 (E1): 2169–2175.

[24] Comish A. Capacity to consume [J] . American Economic Review, 1936, 26 (2): 291–295.

[25] Cracolici M F, Nijkamp P. The attractiveness and competitiveness of tourist destinations: A study of Southern Italian regions [J] . Tourism Management, 2009, 30 (3): 336–344.

［26］Crampon L J. A new technique to analyze tourist markets ［J］. The Journal of Marketing, 1966, 30 (2): 27-31.

［27］Driscoll J C, Kraay A C. Consistent covariance matrix estimation with spatially dependent panel data ［J］. Review of Economics & Statistics, 2006, 80 (4): 549-560.

［28］Duffus L N, Alfa A S, Soliman A H. The reliability of using the gravity model for forecasting trip distribution ［J］. Transportation, 1987, 14 (3): 175-192.

［29］Edwards S L, Dennis S J. Long distance day tripping in great Britain ［J］. Journal of Transport Economics & Policy, 1976, 10 (3): 237-256.

［30］Eilat Y, Einav L. Determinants of international tourism: A three dimensional panel data analysis ［J］. Applied Economics, 2004, 36 (12): 1315-1327.

［31］Elhorst J P, Fréret S. Evidence of political yardstick competition in france using a two regime spatial durbin model with fixed effects ［J］. Journal of Regional Science, 2009, 49 (5): 931-951.

［32］Elhorst J P. Applied spatial econometrics: Raising the bar ［J］. Spatial Economic Analysis, 2010, 5 (1): 9-28.

［33］Fabio, Musso, Barbara, et al. Agri-food clusters, wine tourism and foreign markets. The role of local networks for SME's internationalization ［J］. Procedia Economics and Finance, 2015.

［34］Ferrari C, Parola F, Gattorna E. Measuring the quality of port hinterland accessibility: The Ligurian case ［J］. Transport Policy, 2011, 18 (2): 382-391.

［35］Fischer M M, Getis A. Handbook of applied spatial analysis ［M］. New York: Springer, 2009.

［36］Frater J M. Farm tourism in England-planning, funding, promotion and some lessons from Europe ［J］. Tourism Management, 1983, 4 (3): 167-179.

［37］Galley C R, Hu B L. Self-force on extreme mass ratio inspirals via curved spacetime effective field theory ［J］. Physical Review D (Particles & Fields), 2008, 79 (6): 289-292.

［38］Geoffrey W. Tourism attractions: Points, lines, and areas ［J］. Annals of Tourism Research, 1997, 24 (1): 240-243.

［39］Geurs K T, Wee B V. Accessibility evaluation of land-use and transport strategies: Review and research directions ［J］. Journal of Transport Geography, 2004, 12 (2): 127-140.

［40］Haggett P, Cliff A D, Frey A. Locational analysis in human geography ［M］. London: Edward Arnold, 1977.

［41］Hall, Colin M. Of time and space and other things: Laws of tourism and the geographies of contemporary mobilities ［J］. Tourism and Mobilities: Wallingford: CABI Publishing, 2008: 15-32.

［42］Huff D. A probability analysis of shopping center trading areas ［J］. Land Economics, 1963, 53.

［43］Hughes G. Environmental indicators ［J］. Annals of Tourism Research, 2002, 29 (2): 457-477.

［44］Huse M, Gustavsen T, Almedal S. Tourism impact comparisons among Norwegian towns ［J］. Annals of Tourism Research, 1998, 25 (3): 0-738.

［45］Isard W. Spatial interaction analysis: Some suggestive thoughts from general relativity physics ［J］. Papers of the Regional Science Association, 1971, 27 (1): 16-38.

［46］Jie Z, Madsen B, Jensenbutler C. Regional economic impacts of tourism: The case of Denmark ［J］. Regional Studies, 2007, 41 (6): 839-854.

［47］Kim S, Lee C, Klenosky D B. The influence of push and pull factors at Korean national parks ［J］. Tourism Management, 2003, 4 (2): 169-180.

［48］Lee L F. Asymptotic distributions of quasi-maximum likelihood estimators for spatial autoregressive models ［J］. Econometrica, 2004, 72 (6): 1899-1925.

［49］LeSage J P, Pace R K. Introduction to spatial econometrics ［M］. CRC Press, 2009.

［50］Magar L. Tourism over a distance and time: The geographers view ［J］. Service & Tourism Current Challenges, 2014, 2 (1): 16-23.

［51］Maréchal K. Not irrational but habitual: The importance of "behavioural lock-in" in energy consumption ［J］. Ecological Economics, 2010, 69 (5): 1104-1114.

［52］Maureen G R. Power relations and community based tourism planning ［J］. Annals of Tourism Research, 1997, 24 (3): 566-591.

［53］Mayo E J, Jarvis L P, Xander J A. Beyond the gravity model ［J］. Journal of the Academy of Marketing Science, 1988, 16 (3): 23-29.

［54］Morle C L. A dynamic international demand model ［J］. Annals of Tourism Research, 1998, 25 (1): 70-84.

［55］Murphy A, Williams P W. Attracting Japanese tourists into the rural hinterland: Implications for rural development and planning ［J］. Tourism Management, 1999, 20 (4): 487-499.

[56] Niedercorn J H, Ammari N S. New evidence on the specification and performance of neoclassical gravity models in the study of urban transportation [J]. The Annals of Regional Science, 1987, 21 (1): 56-64.

[57] Nilsson P A. Staying on farms: An ideological background [J]. Annals of Tourism Research, 2002, 29 (1): 7-24.

[58] Oppermann M. Tourism destination loyalty [J]. Journal of Travel Research, 2000, 39 (1): 78-84.

[59] Oppermann M. Rural tourism in southern Germany [J]. Annals of Tourism Research, 1996, 23 (1): 86-102.

[60] Papatheodorou A. Why people travel to different places [J]. Annals of Tourism Research, 2001, 28 (1): 164-179.

[61] Park D B, Yoon Y S. Segmentation by motivation in rural tourism: A Korean case study [J]. Tourism Management, 2009, 30 (1): 99-108.

[62] Pesaran M H. General diagnostic tests for cross section dependence in panels [R]. Cambridge Working Papers in Economics, 2004.

[63] Pindyck R S, Rubinfeld D L. Microeconomics [M]. Beijing: Prentice-hall International Inc., 2004.

[64] Richards G. Production and consumption of European cultural tourism [J]. Annals of Tourism Research, 1996, 23 (2): 261-283.

[65] Rossi S D, Byrne J A, Pickering C M. The role of distance in peri-urban national park use: Who visits them and how far do they travel? [J]. Applied Geography, 2015 (63): 77-88.

[66] Ryan C. Learning about tourists from conversations: The over-55s in

Majorca［J］. Tourism Management, 1995, 16（3）: 207-215.

［67］Sharpley R, Sharpley J, Adams J. Travel advice or trade embargo? The impacts and implications of official travel advice［J］. Tourism Management, 1996, 17（1）: 1-7.

［68］Sim M, Song D B. A study on formulation of local community for establishing of the green tourism［J］. Journal of Anhui Agricultural Sciences, 2009, 13（2）: 159-186.

［69］Sirgy M J. Toward a quality-of-life theory of leisure travel satisfaction［J］. Journal of Travel Research: The International Association of Travel Research and Marketing Professionals, 2010.

［70］Smith R H T. Concepts and methods in commodity flow analysis［J］. Economic Geography, 1970, 46（2）: 404-416.

［71］Smith S L J. The tourism product［J］. Annals of Tourism Research, 1994, 21（3）: 582-595.

［72］Smith S L J. Tourism analysis: A handbook［M］. Harlow: Longman, 1990.

［73］Song H, Witt S F. Forecasting international tourist flows to Macau［J］. Tourism Management, 2006, 27（2）: 214-224.

［74］Soshiroda A. Inbound tourism policies in Japan from 1859 to 2003［J］. Annals of Tourism Research, 2005, 32（4）: 1100-1120.

［75］Stephen Smith, 张凌云, 李新中. 引力模型在旅游地理学中的应用［J］. 地理科学进展, 1988, 7（3）.

［76］Swarbrooke J, Horner S. Consumer behavior in tourism［M］. Oxford: Butterworth-Heinemann, 1999.

[77] Visser J, Konings R, Wiegmans B W, et al. A new hinterland transport concept for the port of Rotterdam: Organisational and/or technological challenges? [C]. 48th Annual Transportation Research Forum, 2007.

[78] Vogelsong H, Green G, Cordell K. Outdoor recreation participation of people with mobility disabilities: Selected results of the national survey of recreation and the environment Richard Williams [J]. Tourism & Management Studies, 2004, 10 (4): 31-36.

[79] Wang C H. Predicting tourism demand using fuzzy time series and hybrid grey theory [J]. Tourism Management, 2004, 25 (3): 367-374.

[80] Wang F. Measurement, optimization and impact of health care accessibility: A methodological review [J]. Annals of the Association of American Geographers, 2012, 102 (5): 1104-1112.

[81] Wolfe R I. Recreational travel: The new migration [J]. Canadian Geographer, 1966, 10 (1): 1-14.

[82] Wolfe R I. The inertia model [J]. Journal of Leisure Research, 1972, 4 (Winter): 73-76.

[83] Wong K K F, Song H, Witt S F, et al. Tourism forecasting: To combine or not to combine? [J]. Tourism Management, 2007, 28 (4): 1068-1078.

[84] Yoon Y, Uysal M. An examination of the effects of motivation and satisfaction on destination loyalty: A structural model [J]. Tourism Management, 2005, 26 (1): 45-56.

[85] Zhang Q H, Lam T. An analysis of mainland chinese visitors' motivation to visit Hong Kong [J]. Tourism Management, 1999, 20 (1): 587-594.

[86] 安萌. 乡村旅游游客消费意愿及影响因素分析——基于青岛市潜在

消费者的实证调查［J］. 消费经济，2012（2）：75-78.

［87］白凯，马耀峰，游旭群. 基于旅游者行为研究的旅游感知和旅游认知概念［J］. 旅游科学，2008，22（1）：22-28.

［88］包亚芳. 基于"推-拉"理论的杭州老年人出游动机研究［J］. 旅游学刊，2009，24（11）：47-52.

［89］暴向平，薛东前，李庆雷，等. 陕西省城市旅游经济辐射场强格局演变研究［J］. 干旱区资源与环境，2014，28（8）：183-188.

［90］卞显红，沙润. 长江三角洲城市旅游空间相互作用研究［J］. 地域研究与开发，2007，26（4）：62-67.

［91］蔡小于，邓湘南. 乡村文化对乡村旅游需求的影响研究［J］. 西南民族大学学报（人文社会科学版），2011（11）：144-147.

［92］车裕斌. 旅游休闲农业与乡村旅游系统吸引力分析［J］. 咸阳师专学报，2001（6）：8-12.

［93］陈飞翔，张黎，胡靖. 知识扩散场的建立与实证分析［J］. 科学学研究，2005，23（2）：253-257.

［94］陈国宏，王吓忠. 技术创新、技术扩散与技术进步关系新论［J］. 科学学研究，1995（4）：68-73.

［95］陈进栋，韦素琼，陈松林，等. 海西区物流发展分析与"轴-辐"物流网络构建［J］. 自然资源学报，2012，27（10）：1635-1644.

［96］陈俊杰，侯志茹. 我国乡村旅游产业投融资研究综述［J］. 吉林工程技术师范学院学报，2017，33（9）：35-38.

［97］陈彦光，刘继生. 基于引力模型的城市空间互相关和功率谱分析——引力模型的理论证明、函数推广及应用实例［J］. 地理研究，2002（11）：74.

［98］陈彦光．空间相互作用模型的形式、量纲和局域性问题探讨［J］．北京大学学报（自然科学版），2009，45（2）：333-338.

［99］程云龙，刘小鹏，刘泓翔，张羽婷．都市圈空间界定方法的应用研究——以成都都市圈为例［J］．城市发展研究，2011，18（8）：64-67，81.

［100］邓敏，李丰生．中国女性旅游消费市场初探［J］．社会科学家，2003（6）：97-100.

［101］丁正山．城市旅游流的空间结构与集散研究［D］．南京：南京师范大学，2004.

［102］方大春，孙明月．长江经济带核心城市影响力研究［J］．经济地理，2015，35（1）：20，76-81.

［103］方荣登．旅游非优区吸引力和竞争力的构建——以滨州市为例［D］．济南：山东大学，2008.

［104］冯云廷．城市经济学［M］．大连：东北财经大学出版社，2003.

［105］傅为忠，卢军，侯静怡．基于场强模型的合肥、马鞍山、芜湖三市融入长三角的现状与对策［J］．华东经济管理，2009，23（11）：9-13.

［106］高汝熹，罗明义．世界城市圈域经济发展态势分析［J］．经济问题探索，1998（10）：5-8.

［107］高汝熹，罗明义．城市圈域经济论［M］．昆明：云南大学出版社，1998.

［108］龚烈明．也谈当量概念［J］．化学教学，1980（4）：23-25.

［109］关兴良，方创琳，罗奎．基于空间场能的中国区域经济发展差异评价［J］．地理科学，2012，32（9）：26-36.

［110］郭焕成，吕明伟．我国休闲农业发展现状与对策［J］．经济地理，2008，28（4）：6.

［111］郭正模. 有"生产力场"存在吗？——兼就经济学研究方法问题与唐昌黎同志商榷［J］. 经济研究，1984（10）：74-75.

［112］韩玉刚，叶雷. 中国欠发达省际边缘区核心城市的选择与区域带动效应——以豫皖省际边缘区为例［J］. 地理研究，2016，35（6）：1127-1140.

［113］洪国志，胡华颖，李郇. 中国区域经济发展收敛的空间计量分析［J］. 地理学报，2010，65（12）：1548-1558.

［114］胡序威，周一星，顾朝林. 中国沿海城镇密集地区空间集聚与扩散研究［M］. 北京：科学出版社，2000.

［115］胡兆量. 地理学的基本规律［J］. 人文地理，1991（6）：9-13.

［116］黄慧丽. 基于经济空间场理论的浙江区域发展差异研究［D］. 杭州：浙江工业大学，2009.

［117］黄金川，孙贵艳，闫梅，等. 中国城市场强格局演化及空间自相关特征［J］. 地理研究，2012，31（8）：1355-1364.

［118］黄金川. 基于辐射扩散测度的中国城市群发育格局识别［J］. 经济地理，2016，36（11）：199-206.

［119］黄泰，张捷. 基于旅游流特征分析的旅游区域影响研究［J］. 旅游科学，2006，20（2）：18-23.

［120］黄泰. 旅游流对旅游休闲农业与乡村旅游的空间效应研究——以江苏为例［D］. 南京：南京大学，2003.

［121］纪小美，陶卓民，陈金华，等. 中国国际旅游省份差异的时空交互特征——基于主要客源市场的对比［J］. 地理研究，2016，35（2）：14.

［122］蒋海兵，徐建刚，祁毅. 京沪高铁对区域中心城市陆路可达性影响［J］. 地理学报，2010，65（10）：1287-1298.

[123] 金凤花，李全喜，孙磐石．基于场论的生产场场强模型构建与应用 [J]．华东经济管理，2011，25（3）：156-160.

[124] 金煜，陈钊，陆铭．中国的地区工业集聚：经济地理、新经济地理与经济政策 [J]．经济研究，2006（4）：79-89.

[125] 靳诚，陆玉麒，张莉，等．基于路网结构的旅游景点可达性分析——以南京市区为例 [J]．地理研究，2009，28（1）.

[126] 康玲，李权国．襄樊旅游吸引力影响因素及其提升策略研究 [J]．安徽农业科学，2009，37（12）：5772-5773，5778.

[127] 李君轶，马耀峰，杨敏．旅游网络信息场理论及其导流机制研究 [J]．情报杂志，2008，27（12）：87-90.

[128] 李琳，徐洁．我国乡村旅游游客满意度区域差异特征比较研究 [J]．求索，2013（4）：259-261.

[129] 李璐，季建华．都市圈空间界定方法研究 [J]．统计与决策（理论版），2007（2）：109-111.

[130] 李涛．中国乡村旅游投资发展过程及其主体特征演化 [J]．中国农村观察，2018（4）：132-144.

[131] 李巍，王祖静．甘肃省城市旅游场强的空间格局演化分析 [J]．干旱区资源与环境，2015，29（2）：202-208.

[132] 李亚兵．主题公园旅游流特性及空间效应研究 [D]．南京：南京大学，2006.

[133] 李彦丽，路紫．中、美旅游网站对比分析及"虚拟距离衰减"预测模式 [J]．人文地理，2006，21（6）：4.

[134] 李云鹏．基于计量经济学模型的国内城镇居民旅游消费研究 [J]．技术经济与管理研究，2005（6）：54-55.

［135］李振福，闫倩倩，刘翠莲．北极航线经济腹地范围和等级划分研究［J］．世界地理研究，2016，25（5）：22-28.

［136］李震，顾朝林，姚士媒．当代中国城镇体系地域空间结构类型定量研究［J］．地理科学，2006（10）：544.

［137］厉新建，张辉．旅游经济学：理论与发展［M］．大连：东北财经大学出版社，2002.

［138］梁旺兵，徐彤，张毓利．基于断裂点理论下的甘肃省城市旅游吸引范围研究［J］．资源开发与市场，2015，31（2）：231-234.

［139］廖爱军．旅游吸引力及引力模型研究［D］．北京：北京林业大学，2005.

［140］林岚，康志林，甘萌雨，等．基于航空口岸的台湾大陆旅游流空间场效应分析［J］．地理研究，2007，26（2）：403-412.

［141］林南枝，陶汉军．旅游经济学［M］．天津：南开大学出版社，1994.

［142］刘滨谊．现代景观规划设计［M］．南京：东南大学出版社，1999.

［143］刘昌雪．世界遗产地旅游推力—拉力因素研究——以西递和宏村为例［J］．旅游学刊，2005，20（5）：15-20.

［144］刘红瑞，霍学喜．城市居民休闲农业需求行为分析——基于北京市的微观调查数据［J］．农业技术经济，2015（4）：90-97.

［145］刘宏盈，马耀峰，白凯，等．口岸入境旅游流扩散转移特征研究——以上海为例［J］．社会科学家，2008（1）：99-103.

［146］刘宏盈，马耀峰．广东入境旅游流西向扩散时空动态演变研究［J］．人文地理，2009（4）：12-128.

［147］刘宏盈，马耀峰．入境旅游流空间转移与省域旅游经济联系强度耦合分析［J］．资源科学，2008，30（8）：1162-1168.

［148］刘宏盈．长三角入境旅游流西向扩散效应分析——以向陕西扩散为例［J］．地域研究与开发，2010，29（4）：93-98.

［149］刘继生，陈彦光．分形城市引力模型的一般形式和应用方法——关于城市体系空间作用的引力理论探讨［J］．地理科学，2000，20（6）：528-533.

［150］刘静艳，马耀峰，张红．上海境外消费者旅游空间流动趋势研究［J］．中山大学学报（自然科学版），2001（S2）：119-122.

［151］刘静艳．旅游休闲农业与乡村旅游吸引力及其影响因素研究——以南澳岛为例［J］．生态环境，2006，15（2）：371-376.

［152］刘静玉，丁志伟，孙方，等．中原经济区城镇空间结构优化重组研究［J］．经济地理，2014，34（10）：53-61，110.

［153］刘茂长，鞠晓峰，滕永刚．基于场论的创新产品扩散扰动模型研究［J］．科学学研究，2009，27（1）：139-146.

［154］刘卫东，陆大道．新时期我国区域空间规划的方法论探讨［J］．地理学报，2005，60（6）：894-902.

［155］刘瑜，龚俐，童庆禧．空间交互作用中的距离影响及定量分析［J］．北京大学学报（自然科学版），2014，50（3）：526-534.

［156］龙花楼，屠爽爽．乡村重构的理论认知［J］．地理科学进展，2018，37（5）：581-590.

［157］龙江智，冯凌．我国乡村旅游投融资困境与对策［J］．中国市场，2017（16）：325-326，328.

［158］龙茂兴，张河清．乡村旅游发展中存在问题的解析［J］．旅游学

刊，2006（9）：75-79.

［159］陆丰刚．居民消费能力及其判定标准探析［J］．产业经济评论，2013（1）：48-60.

［160］陆林．山岳风景区旅游者空间行为研究——兼论黄山与美国黄石公园之比较［J］．地理学报，1996（4）：315-321.

［161］陆铭，向宽虎，陈钊．中国的城市化和城市体系调整：基于文献的评论［J］．世界经济，2011（6）：3-25.

［162］陆铭，向宽虎．地理与服务业——内需是否会使城市体系分散化？［J］．经济学（季刊），2012（2）：1079-1096.

［163］路春燕，白凯．中国省域入境旅游吸引力空间耦合关系研究［J］．资源科学，2011，33（5）：905-911.

［164］栾福明，张小雷，杨兆萍，等．1990-2011年山东省旅游节庆的时空变异特征及机理［J］．地理科学进展，2013，32（6）：940-949.

［165］罗成书，程玉申．杭州都市圈空间结构与演进机理［J］．城市发展研究，2017，24（6）：30-38.

［166］罗明义．旅游经济分析理论·方法·案例［M］．昆明：云南大学出版社，2001.

［167］马红丽，马耀峰，李君轶．环渤海区入境旅游流西向扩散时空演变规律分析［J］．统计观察，2009（5）：68-71.

［168］马耀峰，王冠孝，张佑印．中国典型区域入境旅游流空间场效应实证研究——以四川省为例［J］．资源科学，2008，30（11）：1747-1753.

［169］马耀峰，李天顺．中国入境旅游研究［M］．北京：科学出版社，1999.

［170］马耀峰，王冠孝．中国典型区域入境旅游流空间场效应的实

证——以四川省为例［J］．统计与决策，2008（20）：98-101.

［171］孟氧．经济学社会场论［M］．北京：中国人民大学出版社，1999.

［172］南平，姚永鹏，张方明．甘肃省城市经济辐射区及其经济协作区研究［J］．人文地理，2006（2）：89-92，98.

［173］倪天麒，杜宏茹，权晓燕．天山北坡经济带产业聚集与空间结构研究［J］．干旱区资源与环境，2008，22（11）：90-95.

［174］聂海燕．乡村旅游项目融资风险评价研究［D］．合肥：安徽农业大学，2014.

［175］宁士敏．现阶段我国旅游消费发展环境与基本特征［J］．经济界，1999（4）：32-36.

［176］潘竟虎，刘莹．基于可达性与场强模型的中国地级以上城市空间场能测度［J］．人文地理，2014（1）：80-88.

［177］潘竟虎，刘伟圣，尹君．地级及以上城市影响腹地及其演变［J］．城市问题，2014（6）：37-45.

［178］潘竟虎，石培基，晓峰．中国地级以上城市腹地的测度分析［J］．地理学报，2008，63（6）：635-645.

［179］彭震伟．区域研究与区域规划［M］．上海：同济大学出版社，1998.

［180］邱岳，韦素琼，陈进栋．基于场强模型的海西区地级及以上城市影响腹地的空间格局［J］．地理研究，2011，30（5）：795-803.

［181］饶会林．城市经济学（下卷）［M］．大连：东北财经大学出版社，1999.

［182］任开荣，董继刚．我国休闲农业资源的空间分布及成因研究

［J］．现代经济探讨，2016（11）：5．

［183］任桐．冰雪旅游目的地引力模式的理论与实证研究——以吉林市为例［D］．长春：东北师范大学，2012．

［184］沈惊宏，陆玉麒，周玉翠，等．皖江城市群旅游经济空间联系格局［J］．长江流域资源与环境，2012，21（12）：1434-1441．

［185］沈惊宏，余兆旺，沈宏婷，等．基于修正场模型的区域空间结构演变及空间整合——以泛长江三角洲为例［J］．长江流域资源与环境，2015，24（4）：557-564．

［186］沈惊宏，周葆华，余兆旺．泛长三角地区城市的空间结构演变［J］．地理研究，2016，35（3）：482-492．

［187］施国良．宏观场论［M］．武汉：中国地质大学出版社，1987．

［188］史春云，张捷，尤海梅，等．四川省旅游区域核心—边缘空间格局演变［J］．地理学报，2007，62（6）：9．

［189］宋振春，陈方英，宋国惠．基于旅游者感知的世界文化遗产吸引力研究［J］．旅游科学，2006，20（6）：28-34．

［190］苏晓丽，蒋再松，赵巧香．乡村旅游市场营销策略研究——兼评《乡村旅游发展规划研究：理论与实践》［J］．农业经济问题，2018（2）：143-144．

［191］孙根年，薛佳．中国城乡居民国内旅游需求预测［J］．城市问题，2009（1）：68-72．

［192］孙厚琴．旅游经济学［M］．上海：立信会计出版社，2003．

［193］汤银英．物流场理论及应用研究［D］．成都：西南交通大学，2004．

［194］唐德荣，杨锦秀，刘艺梅．乡村旅游意愿及其影响因素研究——

基于重庆市 497 位城市游客的调查数据 [J]. 农业经济问题, 2008 (12): 47-52.

[195] 滕丽, 王铮, 蔡砥. 中国城市居民旅游需求差异分析 [J]. 旅游学刊, 2004, 19 (4): 9-13.

[196] 田里. 旅游经济学 [M]. 北京: 高等教育出版社, 2016.

[197] 田玲, 刘章艳. 基本养老保险能有效缓解居民消费压力感知吗?——基于中国综合社会调查 (CGSS) 的经验证据 [J]. 中国软科学, 2017 (1): 10.

[198] 田孝蓉, 李婵. 旅游经济学 [M]. 郑州: 郑州大学出版社, 2002.

[199] 万年庆, 张立生. 基于引力模型的旅游休闲农业与乡村旅游客源市场规模预测模型研究 [J]. 河南大学学报 (自然科学版), 2010, 40 (1): 45-49.

[200] 王龚, 郑垂勇. 对旅行前后消费核算的探讨 [J]. 统计与决策, 2006 (5): 58-59.

[201] 王龚, 郑垂勇. 区域 TSA 旅行前 (后) 消费研究 [J]. 集团经济研究, 2005, 182 (9): 136.

[202] 王长生. 旅游场平衡研究 [J]. 重庆工商大学学报 (社会科学版), 2001, 18 (5): 74-77.

[203] 王晨光. 旅游经济学 [M]. 北京: 经济科学出版社, 2004.

[204] 王大悟, 魏小安. 新编旅游经济学 [M]. 上海: 上海人民出版社, 2000.

[205] 王丹丹, 郭建科, 李博, 等. 辽宁省交通网络演变对城市腹地分化的影响研究 [J]. 干旱区资源与环境, 2016, 30 (8): 88-93.

[206] 王德, 郭洁. 沪宁杭地区城市影响腹地的划分及其动态变化研究 [J]. 城市规划学刊, 2003 (6): 6-11.

[207] 王德忠, 庄仁兴. 区域经济联系定量分析初探: 以上海与苏锡常地区经济联系为例 [J]. 地理科学, 1996, 16 (1): 51-57.

[208] 王利鑫, 张元标, 王祥超. 上海世博会对周边城市旅游辐射效应研究 [J]. 地理与地理信息科学, 2011, 27 (3): 105-108.

[209] 王倩. 浅谈互联网背景下我国乡村旅游投融资困境与对策 [J]. 南方农机, 2018, 49 (19): 91.

[210] 王世尧, 王树进. 地理与休闲农业项目市场潜力分析 [J]. 农业经济问题, 2014 (11): 33-42.

[211] 王晓峰, 刘艳艳, 奚秀梅, 等. 陕西省精品休闲农业点空间分布特征研究 [J]. 干旱区资源与环境, 2013, 27 (6): 203-208.

[212] 王欣, 吴殿廷, 王红强. 城市间经济联系的定量计算 [J]. 城市发展研究, 2006, 13 (3): 55-59.

[213] 王新生, 姜友华. 场论理论在经济客体地位评价中的应用 [J]. 地理科学, 1997, 17 (3): 214-217.

[214] 王永超, 王士君, 关皓明, 等. 民族自治区城市整合发展及模式探讨——以延龙图城市整合为例 [J]. 世界地理研究, 2013, 22 (4): 74-81.

[215] 王永明, 马耀峰, 王美霞. 上海入境旅游流对长江流域各省区空间场效应研究 [J]. 经济地理, 2010, 30 (5): 854-858.

[216] 王子龙, 谭清美. 产业空间经济场研究 [J]. 现代经济探讨, 2006 (6): 64-67.

[217] 魏鸿雁, 陶卓民, 潘坤友. 基于乡村性感知的乡村旅游地游客忠

诚度研究——以南京石塘人家为例［J］．农业技术经济，2014（3）：108-116．

［218］魏伟，高晓，陈莉，等．基于引力和场强模型的干旱内陆河流域城乡体系相互作用及空间表达［J］．干旱区资源与环境，2012，26（10）：156-161．

［219］文雅．穗港空港的物流发展态势——基于引力模型和场强模型的研究［J］．国际经贸探索，2010，26（4）：28-33．

［220］文玉钊，钟业喜，黄洁．交通网络演变对中心城市腹地范围的影响——以江西省为例［J］．经济地理，2013，33（6）：59-65．

［221］吴必虎，黄琢玮，马小萌．中国城市周边乡村旅游地空间结构［J］．地理科学，2004（6）：7．

［222］吴必虎．上海城市游憩者流动行为研究［J］．地理学报，1994，49（2）：117-127．

［223］吴国清．都市旅游圈空间结构的生成与网络化发展［J］．中国软科学，2009（3）：10．

［224］吴晋峰，包浩生．旅游流距离衰减现象演绎研究［J］．人文地理，2005（2）：62-65．

［225］吴普，葛全胜，齐晓波，等．气候因素对滨海旅游目的地旅游需求的影响——以海南岛为例［J］．资源科学，2010（1）：157-162．

［226］吴清，龚胜生，邓京津．基于场强模型的湖北省城市旅游经济腹地格局研究［J］．统计与决策，2013（17）：129-132．

［227］吴玮，陈英，张仁陟，等．基于空间扩散方程的天水市城镇土地基准地价平衡研究［J］．中国土地科学，2014，28（5）：43-49．

［228］吴茵，李满春，毛亮．GIS 支持的县域城镇体系空间结构定量分

析——以浙江省临安市为例［J］．地理与地理信息科学，2006，22（2）：5.

［229］吴玉鸣．空间计量经济模型在省域研发与创新中的应用研究［J］．数量经济技术经济研究，2006，23（5）：74-85.

［230］谢雪梅，马耀峰，白凯．旅华游客对中国西部城市旅游认知研究［J］．新疆师范大学学报（自然科学版），2011，30（1）：9.

［231］谢彦君．旅游体验的情境模型：旅游场［J］．财经问题研究，2005（12）：64-69.

［232］徐乐乐．基于旅游流分析的杭州入境旅游市场开拓研究［D］．杭州：浙江大学，2003.

［233］许贤棠，刘大均，胡静，等．国家级乡村旅游地的空间分布特征及影响因素——以全国休闲农业与乡村旅游示范点为例［J］．经济地理，2015，35（9）：182-188.

［234］许振晓．民营乡村景点投资问题及其对策［J］．旅游学刊，2002（3）：18-21.

［235］杨国良，张捷，艾南山，等．旅游流齐夫结构及空间差异化特征［J］．地理学报，2006，61（12）：1281-1289.

［236］杨国良，钟亚秋，王李清，等．四川省旅游流空间扩散方向及路径［J］．地理科学进展，2008，27（1）：56-63.

［237］杨丽华．休闲农业消费者满意度调查报告——湖南省长沙市的实证分析［J］．农村经济，2009（2）：61-64.

［238］杨玲，胡小纯，冯学钢．旅游地吸引力因子分析法及其数学模型［J］．桂林旅游高等专科学校学报，2004，15（1）：66-69.

［239］杨萍．从旅游流到物质流：对旅游经济增长与发展的思考［J］．思想战线，2010，36（4）：124-128.

［240］杨先卫，阎理．基于场理论的经济空间分析［J］．经济地理，2006，26（1）：20-36.

［241］杨兴柱，顾朝林，王群．南京市旅游流网络结构构建［J］．地理学报，2007，62（6）：609-620.

［242］尹虹潘．对城市吸引区范围界定的理论分析［J］．财经研究，2005，31（11）：108-114.

［243］余凤龙，陆林，汪德根，等．旅游可持续发展的管理框架［J］．资源开发与市场，2005，21（4）：3.

［244］张爱平，刘艳华，钟林生，等．基于场理论的沪苏浙皖地区旅游空间差异研究［J］．长江流域资源与环境，2015，24（3）：364-372.

［245］张爱平，钟林生，徐勇，等．中国省际旅游发展质量特征及空间差异［J］．地理科学，2015，35（3）：283-292.

［246］张红．我国旅游热点城市境外消费者旅游流空间分布特征分析［J］．人文地理，2000，15（2）：56-57.

［247］张辉，厉新建．旅游经济学原理［M］．北京：旅游教育出版社，2004.

［248］张辉，岳燕祥．中国旅游发展笔谈——全域旅游（一）：全域旅游的理性思考［J］．旅游学刊，2016（9）：15-17.

［249］张捷，都金康，周寅康，等．自然观光旅游地客源市场的空间结构研究：以九寨沟及比较风景区为例［J］．地理学报，1999，54（4）.

［250］张黎，蓝峻．知识扩散场的构建、分析与应用［J］．管理科学，2005，18（2）：21-27.

［251］张凌云．旅游地引力模型研究的回顾与前瞻［J］．地理研究，1989（1）：76-77.

［252］张鹏，郑垂勇，丘萍，等．基于引力模型的国内旅游实证研究［J］．软科学，2008，22（9）：27-30．

［253］张文新，丁楠，吕国玮，等．高速铁路对长三角地区消费空间的影响［J］．经济地理，2012，32（6）：1-6．

［254］张义文，高新法，荣美娜，等．河北省主要城市吸引范围［J］．河北师范大学学报（自然科学版），2001（12）：532．

［255］张玉香．基于人口老龄化视角下的休闲农业企业发展研究［J］．生态经济（中文版），2013（11）：119-122．

［256］张召堂．中国首都圈发展研究［M］．北京：北京大学出版社，2005．

［257］章锦河，张捷，李娜，等．中国国内旅游流空间场效应分析［J］．地理研究，2005，24（2）：293-302．

［258］章锦河，张捷，刘泽华．基于旅游场理论的区域旅游空间竞争研究［J］．地理科学，2005，25（2）：248-256．

［259］赵仕红，常向阳．休闲农业游客满意度实证分析——基于江苏省南京市的调查数据［J］．农业技术经济，2014（4）：110-119．

［260］郑鹏，马耀峰，李天顺，等．我国入境旅游者流动行为机制分析——对旅游热点城市西安的实证研究［J］．经济地理，2010，30（1）：139-144．

［261］周芳如，吴晋峰，吴潘，等．中国主要入境旅游城市交通通达性对比研究［J］．旅游学刊，2016，31（2）：12-22．

［262］周一星．城市地理学［M］．北京：商务印书馆，1995．

［263］周雨，孙凤芝．乡村旅游投融资模式研究［J］．理财（财经版），2017（3）：53-57．

［264］周振东．旅游经济学［M］．大连：东北财经大学出版社，2002.

［265］庄汝龙，宓科娜，梁龙武．可达性视角下中心城市辐射场时空格局演变——以浙江省为例［J］．地域研究与开发，2017，36（5）：50-56.

［266］邹统钎．中国乡村旅游发展模式研究——成都农家乐与北京民俗村的比较与对策分析［J］．旅游学刊，2005，20（3）：63-68.

附　录

附录1　乡村休闲旅游需求状况调查问卷

尊敬的先生/女士：

非常感谢您参与本次问卷调查，这是南京农业大学受托设计的学术性问卷，主要是为了了解消费者有关乡村休闲旅游的态度及行为。该研究只供学术使用，不涉及隐私，请您放心填写，我们全部采取不记名方式调查。

说明：请在每个"□"后打"√"表示回答，在"可多选"题中可打多个"√"。

1. 您有过乡村休闲旅游的经历吗？　　□有　□没有
2. 您有过几次乡村休闲旅游经历？
□0次　□1次　□2次　□3次　□4次及以上

3. 您愿意在一年中参与多少次乡村休闲旅游？

□0 次 □1 次 □2 次 □3 次 □4 次及以上 □不一定

4. 您选择乡村休闲旅游的时间是？

□春季 □夏季 □秋季 □冬季

5. 您会选择哪个节假日进行乡村休闲旅游？

□春节 □五一 □国庆 □其他节日 □不在节假日

6. 您一般会选择怎样的方式参与乡村休闲旅游？

□自助 □旅行社 □单位组织 □其他

7. 您在乡村休闲旅游中的费用来自？

□全部自费 □部分自费 □零自费

8. 进行乡村休闲旅游，您主要是为了？（可多选）

□探亲访友 □游览名胜 □放松心情 □体验乡村生活、欣赏田园风光 □购买有机农产品 □品尝农家美食 □单位组织、省心省力

9. 您认为从旅游出发地到乡村休闲旅游景点的以下什么因素最重要？

□往返里程距离 □往返时间 □往返费用

10. 排除路程因素，您更关心乡村休闲旅游的什么因素？

□往返时间 □往返费用 □两者都重要

11. 如果乡村休闲旅游景点在您心目中都差不多的情况下，您认为以下什么因素最吸引您？

□乡村休闲旅游景点吸引力 □交通便利 □景点免费

12. 您进行乡村休闲旅游时，最关心的是什么？

□旅途需要花多长时间 □路费 □路途有多远 □景点是否安全

13. 进行乡村休闲旅游，您选择的路程一般有多远？

□50 千米以内 □50~100 千米 □101~200 千米 □201~500 千米 □更远

14. 关于乡村休闲旅游，您"最在乎"以下哪些因素？

□出行距离　□卫生条件　□当地特色文化和餐饮　□住宿停车等条件
□优美的环境　□其他

15. 在以下选项中，您"花费最多"的是哪方面？

□交通费用　□景区门票　□住宿　□饮食　□其他辅助娱乐休闲项目
□购物

16. 如果是自驾车出行，您一般会选择单程为多长时间的乡村休闲旅游？

□一小时　□两小时　□三小时　□四小时及以上

17. 如果乘公共交通工具出行，您一般选择单程为多长时间的乡村休闲旅游？

□一小时　□两小时　□三小时　□四小时及以上

18. 去乡村休闲旅游景点，您选择的出游交通工具是什么？

□自驾车　□汽车　□公交车　□高铁　□由旅行社安排　□其他

19. 去乡村休闲旅游，您一般的"往返"出游时间是多久？

□1 天　□2 天　□3 天　□4 天及以上　□不一定

20. 和旅行社相比，您认为采用自助游方式进行乡村休闲旅游的好处有哪些？（可多选）

□出游距离近、时间短　□能自己处理相关事宜　□费用差不多　□不满意安排及购物环节　□没参加过自助游，不知道

21. 您对乡村休闲旅游比较关注哪些方面？（可多选）

□住宿　□饮食　□交通　□门票　□旅游景点的娱乐项目　□购物

22. 在乡村休闲旅游中，您的费用主要花在哪些方面？（可多选）

□住宿　□交通　□门票　□餐饮　□购物

23. 您觉得现在的乡村休闲旅游更应注重以下哪个方面？

□便利交通　□扩宽信息传播渠道　□美化周边环境　□增添产业和游乐设施

24. 您愿意每年花多少钱在所居住城市参与乡村休闲旅游？

□500 元以下　□501～1000 元　□1001～3000 元　□3001 元以上

25. 您愿意每年花多少钱去周边城市进行乡村休闲旅游？

□500 元以下　□501～1000 元　□1001～3000 元　□3001 元以上

26. 一般情况下，您愿意单次花多少钱去乡村休闲旅游？

□200～400 元　□401～600 元　□601～800 元　□801～1000 元　□1001 元以上

27. 您在乡村休闲旅游景点会购买农产品吗？

□会，很多　□会，不多　□不会　□不一定

28. 如果您在乡村休闲旅游景点购买农产品，一般会花费多少钱？

□50 元以下　□51～100 元　□101～300 元　□301～500 元　□501～1000 元　□1001 元以上

29. 在乡村休闲旅游中，您的同伴是？（可多选）

□配偶　□子女　□父母　□兄弟姐妹　□亲戚　□同学同事朋友　□旅游团　□自己

30. 您是通过哪些方式了解到乡村休闲旅游信息的？（可多选）

□报纸杂志电视　□微博微信等新媒体　□亲友介绍　□旅行社　□其他

31. 您的性别是？

□男　□女

32. 您的年龄多大（周岁）？

□14 以下　□15～25　□26～40　□41～60　□61～65　□66 以上

33. 您的学历是？

□初中及以下　　□高中　　□中专、中师、中职　　□大学本科、专科　　□研究生及以上

34. 您的职位是?

□私营企业老板、个体户　　□企业高级管理人员　　□高级专业技术人士 □中级管理技术人员　　□一般管理和技术人员　　□普通员工　　□学生　　□政府、事业、科研单位工作人员　　□离退休人员　　□自由职业者　　□其他

35. 您的家庭情况是?

□未婚且一个人生活　　□未婚,和父母生活　　□已婚,孩子还未上幼儿园　　□已婚,孩子上小学　　□已婚,孩子上中学　　□已婚,孩子上大学　　□已婚,孩子已工作　　□其他

36. 您的家庭成员有几人?

□一人　　□两人　　□三人　　□四人　　□五人　　□六人及以上

37. 您的月收入是?

□1000 元以下　　□1001～3000 元　　□3001～6000 元　　□6001～10000 元 □10001～20000 元　　□20001 元以上

38. 您是否拥有养老保险、医疗保险?　　□有　　□没有

39. 您住在市区还是郊区?　　□市区　　□郊区

40. 您住在哪个城区?

□其他城市（江苏省内）　　□其他城市（江苏省外）　　□江宁区　　□栖霞区　　□浦口区　　□六合区　　□鼓楼区　　□玄武区　　□秦淮区　　□白下区 □建邺区　　□下关区　　□雨花台区

41. 您是否拥有私家车?　　□有　　□没有

调查问卷作答完毕,再次感谢您的合作,谢谢!

附录 2

附表 2-1　2010~2015 年南京市主城区各区面积

年份	地区	面积（平方千米）
2015	玄武区	75.46
	秦淮区	49.11
	建邺区	81.75
	鼓楼区	54.18
2014	玄武区	75.46
	秦淮区	49.11
	建邺区	81.75
	鼓楼区	54.18
2013	玄武区	75.46
	秦淮区	49.11
	建邺区	81.75
	鼓楼区	54.18
2012	玄武区	75.46
	白下区	26.39
	秦淮区	22.72
	建邺区	82.93
	鼓楼区	24.65
	下关区	28.35
2011	玄武区	75.46
	白下区	26.39
	秦淮区	22.72
	建邺区	82.93

年份	地区	面积（平方千米）
2011	鼓楼区	24.65
	下关区	28.35
2010	玄武区	75.46
	白下区	26.39
	秦淮区	22.72
	建邺区	82.93
	鼓楼区	24.65
	下关区	28.35

资料来源：历年《南京统计年鉴》。

附录 3

附表 3-1　南京市郊区各街道（镇）的休闲农业消费场强及与市区的距离

单位：千米，万元/平方千米

区名称	街道名称	三维距离	消费场强 A	直线距离	消费场强 B
浦口区	泰山街道	35.63	190.62	13.03	1424.75
	顶山街道	28.85	290.72	12.88	1458.73
	沿江街道	35.74	189.46	16.07	936.72
	江浦街道	34.47	203.58	14.67	1124.40
	桥林街道	51.80	90.17	26	357.83
	汤泉街道	49.59	98.40	26.36	348.21
	盘城街道	43.42	128.35	20.78	560.28
	星甸街道	54.58	81.23	32.18	233.61
	永宁街道	46.75	110.69	28.13	305.66

区名称	街道名称	三维距离	消费场强 A	直线距离	消费场强 B
栖霞区	尧化街道	25.71	365.95	12.97	1437.98
	马群街道	21.40	528.22	11.39	1865.31
	迈皋桥街道	24.25	411.35	10.4	2234.98
	燕子矶街道	28.14	305.51	11.79	1739.33
	栖霞街道	34.94	198.22	19.82	615.78
	龙潭街道	51.55	91.055	31.02	251.37
	仙林街道	30.83	254.53	13.83	1265.24
	八卦洲街道	37.04	176.38	16.21	920.82
	西岗街道	45.98	114.43	24.82	392.87
江宁区	东山街道	22.00	499.86	10.97	2010.07
	秣陵街道	29.56	276.81	15.54	1001.9
	汤山街道	39.01	159.03	27.05	330.70
	淳化街道	39.80	152.73	18.37	717.27
	禄口街道	43.60	127.30	31.12	249.79
	江宁街道	47.71	106.29	26.42	346.71
	谷里街道	41.48	140.64	20.94	551.63
	湖熟街道	55.53	78.47	28.26	303.01
	横溪街道	53.92	83.22	36.07	185.95
	麒麟街道	25.48	372.62	13.56	1316.81
六合区	雄州街道	72.16	46.47	35.11	196.24
	龙池街道	59.60	68.12	30.67	257.26
	程桥街道	71.20	47.72	39.32	156.52
	金牛湖街道	72.74	45.72	45.25	118.15
	横梁街道	62.73	61.48	35.46	192.44
	龙袍街道	56.50	75.79	23.94	422.20
	马鞍街道	85.91	32.78	55.93	77.36
	冶山街道	86.83	32.09	56.61	75.49
	竹镇镇	89.31	30.34	53.14	85.67
	大厂街道	47.21	108.54	21.33	531.85
	葛塘街道	46.69	110.98	23.2	449.57
	长芦街道	49.55	98.55	25.19	381.44

区名称	街道名称	三维距离	消费场强 A	直线距离	消费场强 B
溧水区	永阳街道	69.51	50.08	49.82	97.49
	白马镇	84.94	33.54	64.55	58.07
	东屏街道	74.14	44.01	50.41	95.22
	柘塘街道	49.43	99.02	34.86	199.10
	石湫街道	64.30	58.51	46.68	111.03
	洪蓝街道	72.66	45.83	52.43	88.03
	晶桥镇	90.52	29.53	63.6	59.82
	和凤镇	93.53	27.66	75.7	42.23
高淳区	淳溪街道	109.86	20.05	82.7	35.38
	砖墙镇	126.35	15.16	88.5	30.89
	阳江镇	115.08	18.27	80.96	36.91
	古柏街道	99.54	24.42	74.98	43.04
	固城街道	103.99	22.38	84.68	33.74
	漆桥街道	94.19	27.27	77.18	40.61
	东坝街道	108.80	20.43	88.54	30.87
	桠溪街道	116.60	17.79	84.67	33.75

注：①消费场强 A 基于三维距离得到，单位为万元/平方千米；②消费场强 B 基于直线距离得到，单位为万元/平方千米；③三维距离根据式（4.1）得到，单位为千米；④直线距离的单位为千米。

附录 4　叠加效应的检验推导过程

根据偏微分矩阵检验解释变量的叠加效应，需要得到空间杜宾模型的方差协方差矩阵（Elhorst and Freret，2009）：

$$\text{Var}(\hat{\rho},\ \hat{\alpha},\ \hat{\beta},\ \hat{\theta},\ \hat{\sigma}^2)=\begin{bmatrix} \text{trace}(\tilde{W}\tilde{W}+\tilde{W}^T\tilde{W})+\dfrac{1}{\hat{\sigma}^2}\hat{\gamma}\tilde{X}^T\tilde{W}^T\tilde{W}\tilde{X}\hat{\gamma} & - & - \\ \tilde{X}^T\tilde{W}\tilde{X}\hat{\gamma} & \dfrac{1}{\hat{\sigma}^2}\tilde{X}^T\tilde{W} & - \\ \dfrac{1}{\hat{\sigma}^2}\text{trace}(\tilde{W}) & 0 & \dfrac{N}{2\hat{\sigma}^4} \end{bmatrix}$$

该方差—协方差矩阵中，$\tilde{W}=W(I-\hat{\rho}W)^{-1}$，$\tilde{X}=[\,\text{ones}(N,\ 1),\ X,\ WX\,]$，$\hat{\gamma}=[\,\hat{\alpha},\ \hat{\beta}^T,\ \hat{\theta}^T\,]$，特定参数组合可通过如下方式获取（n 表示第 n 次抽取的结果）：

$$[\rho_n,\ \alpha_n,\ \beta_n^T,\ \theta_n^T,\ \sigma_n^2]^T=P^T\vartheta+[\hat{\rho},\ \hat{\alpha},\ \hat{\beta}^T,\ \hat{\theta}^T,\ \hat{\sigma}^2]^T$$

其中，P 为 Var $(\hat{\rho},\ \hat{\alpha},\ \hat{\beta},\ \hat{\theta},\ \hat{\sigma}^2)$ 的上三角乔莱斯基分解（The Upper-triangular Cholesky Decomposition），ϑ 为一包含从标准正态分布中抽取的随机数值的列向量 $[\,(3+2\kappa)\times1\,]$，则有：

$$\bar{\mu}_\kappa(\chi_\kappa)=\frac{1}{D}\sum_{d=1}^{D}\mu_{\kappa d}$$

$$t(\chi_\kappa)=\frac{\bar{\mu}_\kappa}{\left[\dfrac{1}{(D-1)}\sum_{d=1}^{D}(\mu_{kd}-\bar{\mu}_k)^2\right]}$$

其中，$\bar{\mu}_\kappa$ 表示第 k 个解释变量 n 次抽取的平均直接（或间接）效应值，求得对应的统计量 t 值，即可检验第 k 个解释变量是否存在叠加效应（H_0：不存在间接效应）。

后　记

本书是我多年学术研究的成果，得到了南京大学的资助。本书见证了我的学术探索和成长之路，它的完成和出版是我学术生涯中的一个标志性事件！其间，既经历了兴奋和喜悦，也经历了挫折与忐忑。

本书的完成，与无数师长和亲朋一直以来的关心和鼓励是分不开的。我首先要感谢我的博士指导老师王树进教授。王老师学识渊博，在学术上给予了我启发性指导，使我得以开拓视野、锻炼思维。师恩难忘！衷心感谢南京农业大学经济管理学院的钟甫宁教授、朱晶教授、林光华教授、应瑞瑶教授、徐志刚教授、周曙东教授、蔡忠州教授、周宏教授、孙顶强教授、王学君教授、田曦教授等对我学术研究的支持和帮助，感谢南京农业大学（原人文社会科学学院）朱世桂教授的诸多帮助，感谢美国密歇根大学的鲍曙明教授、美国博林格林州立大学的叶信岳教授、华东理工大学的吴玉鸣教授、意大利博洛尼亚大学的 Roberto Patuell 教授给予我学术思维的启迪，感谢博士师门朱长宁、赵周华、陈宇峰、王世尧、王睿、伽红凯、孙开功、李保凯、刘昭等的帮助，与他们一起使我倍感家的温馨。感谢陈奕山、张晓恒、乔辉、朱哲毅等博士班同学们以及博士同学李在军、Eshetu（留学生博士同学）、Castro（留学生博士同学）、Haseeb（留学生博士同学）的帮助。南京农业大学的求学经历，使我终身受益。

博士毕业之后，有幸来到南京大学商学院从事博士后研究，非常感谢南京大学给予我继续提升学术研究水平的机会，南京大学向我提供了诸多学术资源与便利的科研环境，我也非常荣幸能够参加南京大学商学院组织的各种讲座和学术会议，这不仅增长了我的见识，也让我对我所从事的研究迸发出更多思想火花。南京大学的老师们严谨的专业态度和平易近人的品质，深深地感染了我，让我加倍珍惜在南京大学的每一个时刻，也不断鞭策自己聚焦学术研究领域，多出成果。感谢南京大学应用经济学博士后流动站的资助，使我能够对研究数据进行不断的更新、补充和完善，深入研究城郊休闲农业消费及投资。感谢评审专家中肯、宝贵的修改意见，使本书更加完善。感谢博士后导师林辉教授对我的悉心指导，使我的学术研究能力得到极大提升，林先生渊博的学识、严谨的治学作风、风趣而乐观的生活态度、高尚的人格令我由衷地敬佩、感动并深受感染和鼓舞。新冠肺炎疫情暴发期间，先生也一直通过视频、电话等方式指引我思考，激励我紧扣当前金融学术发展前沿，探究亟须解决的社会现实问题及学术问题，剖析学术研究方法及解决对策等。此外，先生还时刻关心着我今后的发展和成长，与先生能成为师生是我今生最大的幸事！

最后，我要深深感谢我的父亲、母亲在我进行博士后研究期间帮我带孩子，是他们排除了我学习和工作的后顾之忧，使我能够安心地学习和工作，有更多的时间与精力进行教学与科研工作。感谢丈夫、姐姐、弟弟对我学习、工作和生活的支持和鼓励，是他们的支持与理解，给予了我战胜困难的信心和力量。本书凝结了他们的心血、教诲和温暖。

谨以此书献给所有曾经帮助过我的老师、领导、同事、朋友、家人，感谢他们的理解与支持！

　　　　　　　　　　　　　　　　　　　　　姜友雪

　　　　　　　　　　　　　　　　　　2022 年 5 月 17 日于南京